哈佛家训 II

一位哈佛博士的家教课本

[美]威廉·贝纳德◎编著　　张　玉◎译

HARVARD
FAMILY INSTRUCTION

中国妇女出版社

图书在版编目（CIP）数据

哈佛家训Ⅱ：一位哈佛博士的家教课本 /（美）威廉·贝纳德编著；

张玉译—北京：中国妇女出版社，2007.1

ISBN 978-7-80203-339-9

Ⅰ.哈… Ⅱ.①贝…②张… Ⅲ.人生哲学－通俗读物 Ⅳ.G78-49

中国版本图书馆 CIP 数据核字(2006)第 135615 号

哈 佛 家 训II

作　　者：（美）威廉·贝纳德 著 张玉 译
责任编辑：朱婷婷
装帧设计：03 工舍
出　　版：中国妇女出版社出版发行
地　　址：北京东城区史家胡同甲 24 号　邮政编码：100010
电　　话：（010）65133160（发行部）（010）65133161（邮购）
网　　址：www.womenbooks.cn
经　　销：各地新华书店
印　　刷：三河市三佳印刷装订有限公司
开　　本：170×230　1/16
印　　张：16
字　　数：300 千字
版　　次：2007 年 1 月第 1 版
印　　次：2024年3月第39次印刷
书　　号：ISBN 978-7-80203-339-9
定　　价：29.80 元

出版者序

《哈佛家训》出版发行以来，受到广大读者的热情欢迎。父母将《哈佛家训》作为亲子教育的课本，学校把《哈佛家训》当做“班级读书会”的指定教材，老师把《哈佛家训》当成写作训练的范文，企业把《哈佛家训》当做员工的励志手册，还有一些城市和地区把《哈佛家训》作为加强市民自身修养的推介图书。

《哈佛家训Ⅱ》不是《哈佛家训》的任意延续和简单重复，它们是一个整体中的不同部分。《哈佛家训》从十个方面表达了青少年成长中应该了解的道理和知识：

品性——站立生命的基石

梦想——装点岁月的风景

真爱——永恒不息的心跳

成功——奋斗人生的酒杯

思维——通向真理的捷径

心理——抚摸意念的手指

智慧——呈现意志的张力

创意——了无痕迹的匠心

勇气——正直无畏的面对

觉悟——朴实无华的光芒

《哈佛家训Ⅱ》也是由十个部分组成，它反映了青少年素质培养的另外一些方面：

亲情——照耀心灵的太阳

童真——纯白无瑕的善意

习惯——决定成败的细节

处世——和谐通达的艺术

明察——洞悉世事的真知

行动——汇聚大海的水滴

心态——成就未来的境界

自律——遏制欲望的力量

大度——容纳天地的胸怀

感恩——珍惜万物的慧心

在孩子的成长过程中，我们常常忽略一些重要的教育内容，比如亲情观念的培养，比如习惯行为的规范，比如自律意识的强化，比如处世为人的磨炼……这些都是生命成长不可或缺的人格要素。如果在青少年时期没有很早播下这些种子，他们的未来人生就不可能健全圆满。

其实，对于这些要素，我们成年人同样严重缺失。在岁月的沧桑中，我们还拥有纯洁的童真吗？在世事的纷争中，我们仍怀有容人的大度吗？在复杂多变的浮沉中，我们还有明察真相的眼力吗？在每时每刻点点滴滴的得到中，我们还知道报答感恩吗？

如果我们已经不能够这样，那么我们就要自我完善，否则，我们如何去教育我们的孩子？如何去正确地引导他们？假若我们想做一个优秀的父母，我们可以在有一点闲余的时候，也读一读这本家训，因为它不只是对孩子们讲的道理，对我们为人父母者同样有益。

愿我们和孩子们一起成长吧！世界上还有什么事会比这更能够使我们感到满足和幸福？

编 者 序

来美国的这么多年，让我感受最深的事情，就是他们对家庭教育的重视。美国人愿意陪孩子玩游戏，愿意为孩子讲故事，愿意带孩子做家务，愿意和他们一起四处旅游……在这些日常生活中，他们把自己美好的价值观，把自己优良的个性慢慢渗透到孩子们的身上，使他们较早地具备了成熟独立的个性，从小就有了比较丰富的阅历和思想。

相对而言，我们中国的家长似乎更重视自己的生存和发展，在他们的人生设计中，很少考虑到孩子的未来——如果说真的有所考虑的话，最多只是考虑如何给孩子积蓄更多的钱，或者争取自己拥有更高的地位，以便使孩子将来能因此得到更多的福泽和方便。这种观念导致的结果是，在孩子正需要心灵引导的时候，却无法得到父母真正的关怀。

更为严重的是，我们做父母的常常不知道拿什么来教育孩子，因为我们自己也不能肯定，什么才是教育他们的最好课本，什么才是约束他们言行的最佳准则。所以，许多父母只好用自以为正确的观念来训导子女，甚至还有的父母，根本就不能确定自己的想法是否正确，只是曾经受过这样的教育，就习惯性地照搬使用。

这种状况的确是令人忧虑的。孩子是一张光洁的白纸，是一泓未受污染的清泉，在他们人生开始的时候，我们一定要用最好的精神文化来熏陶他们，用最美的道德来塑造他们，用最纯净的事物来感动他们……孩子的身心有如春天的土地，如果错过了播种的季节，秋天等来的就是荒芜。最可怕的是，如果由于我们的粗心，不小心给他们播下了不良的种子，那么我们等来的就将是一生的后悔。

最近几年来，我在做其他研究的同时，收集了很多适合家庭教育的材料，其中有许多是经典短小的故事。这些故事有的来自格林童话、伊索寓言、纪伯伦散文等国外名著，有的来自英文报刊，有的来自各类中文资料……其中许多是通过网络搜索而得来。这些故事生动有趣，寓意深刻，这种“故事教育”不仅对孩子幼小的心灵有很好的感化作用，而且对父母也具有启发意义。

不少故事我都细心进行了筛选和整理，修正了那些不适合青少年的内容，然后给予评点。虽然所有的孩子都需要新颖健康的思想来喂养，然而我相信，很少有父母愿意花费那么多心血为自己的孩子寻找这样的精神食粮。所以，我经常把自己的经验介绍给国内的亲朋好友，并把我整理好的东西送给他们一起分享。

这就是我编选这本书的初衷和经历。我希望它能够抛砖引玉，使更多的父母愿意为孩子的成长做一些力所能及的事情，更希望这些故事能够为我们的孩子带来生命的祝福，带来阳光和水，带来像彩虹一样灿烂的未来。

威廉·贝纳德

目录

Harvard Family Instruction

亲情——照耀心灵的太阳

天使之爱 003
他终于打中了 004
最后的金钱豹 006
达尔文的童年 008
孩子眼里的世界 009
珍藏一生的诗句 011
利润的另一种算法 013
盖奇的圣诞礼物 014
妈妈的血 016
昂贵的项链 017
独一无二的家教 019
可怜父母心 021

童真——纯白无瑕的善意

公主的小月亮 025
让你的花开在花园 027
父亲的一小时 028
迈克的理想 030
想吃冰激凌的小女孩 032
林肯的胡子 033
孩子告诉父母的话 035
请把我埋得浅一些 036
苹果里的星星 038
沙滩上的玻璃片 039
在地球上挖个洞 041
妈咪，瞧那个人 042
画家和他的孙女 044
装满小屋的东西 046
一双手套和一双鞋 047

习惯——决定成败的细节

费利斯家的学习课 051
老绅士的考验 053
拿破仑的鼓手 055
早安，朋友 057
韦恩的魅力 059
5分钟造就一生 060

目录

Harvard Family Instruction

交换人生 062
你抽烟吗 063
10秒钟惊险镜头 065
阅读就是生活 067
玛丽娅的寻找 069

处世——和谐通达的艺术

两个朋友 073
不合时宜的感激 074
松鼠的结局 076
路过小镇的陌生人 077
老虎的阴谋 079
空空的马车声 080
得意的戏剧家 081
200万美金一句话 082
飞散的羽毛 084
狐狸与鹤的晚宴 085
99只发卡 086
带上一句话上路 087
得寸进尺的骆驼 088
警官、匪徒和翻译 090
养狮人的悲剧 091
巴勒斯坦的两片海 092
琼斯的诱惑 093

明察——洞悉世事的真知

哨兵的发现 097
每天问自己十个问题 098
三条忠告 100
大卫的失误 101
双面神石雕 103
几个经典的小测试 104
阿尔蒙的请求 106
听的艺术 107
美国铁路的宽度 109
乌龟的智慧 111
法庭上的辩驳 112
海马的焦虑 114
北风和太阳 116

Harvard Family Instruction

目录

行动——汇聚大海的水滴

聪明的瑞迪 119
你想不想成为百万富翁 121
马上出发 123
看杰米有什么办法 125
试试坏的开始 127
辛迪和西尔维亚 128
爱心从身边开始 130
酿酒人的儿子 132
最有用的事情 134
风中的落叶 136
从哈伦德到肯德基 138
抓住每一个“今天” 140
斯芬克斯谜语 142

心态——成就未来的境界

快乐的油漆匠 145
热忱的态度 147
一切都可能改变 149
三个3的故事 151
道白者杰西 153
假如明天不再来临 155
打好你的每一张牌 157
玛利·韦伯的生活 158
畅游华盛顿 160
拿破仑·希尔的格言 161
路上的石头 162
网球告诉你的人生哲学 164
最好的玉米 166
走进星星的世界 168

自律——遏制欲望的力量

中奖的别克轿车 171
仰视的理由 173
鲍勃闯了一次红灯 175
父爱的磨炼 177
放掉这条鲈鱼 179

目录 Harvard Family Instruction

副总统不是总统 181
贝利永远不抽烟 183
正义的警察 185
18公里的成长之路 186
犹太长老的痛苦 188
洛克菲勒三世的零用钱 190
威灵顿公爵的道歉 192
黄金装饰的枷锁 193

大度——容纳天地的胸怀

邻居家的往来 197
国王的三个大臣 199
居里夫人的放弃 201
圣诞夜的休战 203
将军和女奴 205
纳粹的孩子 206
十大戒律 208
请你先上 210
马蝇效应 211
忘记背后的枪声 213
友情的玫瑰 214
一包巧克力饼干 216
曾经有这样一些人 218
幽默大师的谅解 219

感恩——珍惜万物的慧心

一个搭顺风车的人 223
迷路的小女孩 225
一束鲜花改变人生 227
塞特太太的烦恼 229
小餐馆的奇遇 231
弗洛尔的施舍 233
感恩节电话 235
红草莓 236
帕德鲁斯基和胡佛 238
优秀的杰克 240
麦克阿瑟的5支笔 242
每天都是恩赐 244

亲情

照耀心灵的太阳

HARVARD FAMILY INSTRUCTION

天使之爱

妈妈最后离开的那个晚上，她和爸爸整整坐了一夜，也说了一夜的话，但米妮只听到一句：“你走吧，由我来向女儿解释。”这句话是爸爸说的，所以米妮知道要走的是妈妈。

妈妈离去后的好长时间里，米妮天天都在等待爸爸的解释，但他似乎是把这事忘了。他只是一如既往地接送她上学回家，在家长手册上认真填写她课余的情况——又学会了多少新字，听了什么故事，写字画画的进展……这些在许多同学的家里，都是由妈妈来做的事情，现在都由米妮的父亲来做。

一个月后的一天晚上，爸爸来到米妮的床边，合起米妮的故事书，又压了压她的被角，轻声说：“你听过很多天使的故事，天使飞到一个地方，发现那里有人冷了，有人饿了，有人需要帮助了，她就会留下来工作。如果一切都很好的话，不当差的天使就会放心地飞走，继续去找需要她帮助的人。世界上的爸爸妈妈都是天使，是专门飞来照顾孩子、陪孩子一同长大的。咱们家里，爸爸一个人就能照顾好米妮，所以，妈妈才放心地把你留给我。妈妈去了一个很远的地方，在那里当天使，她去照顾另外一些更需要照顾的孩子……”

等米妮长大后，才知道妈妈并不是去当天使，爸爸当年是向她撒了一个谎。可是，就是这样一个谎言，使米妮整个的少年时代都充满骄傲和向往，使她本来会痛苦的人生，却很美满幸福。

这是米妮一生听到的关于“离婚”最美的解释。

伟大的父母应该是这样的：哪怕自己在一片黑暗之中，也要让孩子的心灵洒满阳光。

人生有时候会很沉重，作为父母，我们应该尽量把这份重量放在自己的肩上。

他终于打中了

夏季的一个傍晚，戈尔丁先生出去散步。在一片空地上，他看见一个10岁左右的小男孩和一位年轻妇女。那个孩子正用一个做得很粗糙的弹弓，瞄准立在离他七八米远的一只玻璃瓶。

那个孩子总是瞄不准目标，弹丸要么偏左偏右，要么就是忽高忽低。戈尔丁先生站在他身后不远，好奇地期待着他打中一次，说实话，他从没有见过准头这么差的孩子。

那位年轻的妇女安静地坐在草地上，手边放着一堆小石子。男孩射出一粒后，她就马上又捡起一颗，轻轻递到孩子手中。孩子细心地把石子放在皮套里，打出去，然后再接过一颗。

那位妇女的脸上始终带着鼓励的微笑，从她眼神中可以看出，她是那个孩子的母亲。

那个孩子始终都很认真，屏住气，瞄很久，才打出一弹。但戈尔丁先生站了很久，他仍然一弹都没打中。

“让我来教教他，好吗?”戈尔丁先生走上前说。

男孩停住了，但还是看着瓶子的方向。他的母亲转过头对戈尔丁先生笑了笑说：“谢谢，不用了！”她顿了一下，望着孩子，又轻轻地说，“他看不见。”

戈尔丁先生顿时怔住了。半晌，他才喃喃地说：“噢，是这样……对不起！但你为什么要这样做?”

“别的孩子都这么玩儿。”

“呃……”戈尔丁先生说，“可是他……怎么能打中呢?”

“我告诉他，总会打中的！”母亲平静地说，“关键是他做了没有。”

戈尔丁先生沉默了。

那个男孩的频率逐渐慢了下来，很明显，他已经累了。他的母亲并没有说什么，还是很安详地递着石子儿，微笑着，只是传递的节奏也慢了下来。

戈尔丁发现，这孩子逐渐打得很有规律——他打一弹，向一边移一点，再打一弹，再移点，然后再慢慢移回来。

夜风轻轻袭来，蛐蛐儿在草丛中轻唱起来，天幕上已有了疏朗的星星，弹弓的皮条发出的“噼啪”声和石子崩在地上的“砰砰”声仍在单调地重复着。对于那个孩子来说，黑夜和白天并没有什么区别。

又过了很久，夜色笼罩下来，戈尔丁先生已经看不清那瓶子的轮廓了。

“看来今天他是打不中了。”戈尔丁先生犹豫了一下，对母子俩说了声“再见”，便转身走回去。

只走出了几步，身后就传来一声瓶子清脆的破裂声，接着就是一阵天真的笑声和一阵热烈的掌声。

儿子虽然看不见母亲的微笑，但他看得见母亲的爱。有爱的支持，没有什么是做不到的。

“总会打中的，关键是他做了没有。”这就是一个母亲的最高信仰。

最后的金钱豹

一天，著名动物标本制作师爱克兰正扛着猎枪在非洲热带雨林四处张望，忽然，一只金钱豹趁他不备从背后对他发起了进攻。金钱豹将爱克兰扑倒在地，锐利的爪子狠狠地按住他的胸膛。令人意外的是，金钱豹没有咬爱克兰的喉管，却咬住了他的右手腕。

在这危急关头，爱克兰忍着剧痛，举起左手，将一梭子弹射入金钱豹的腹部。鲜血从它的体内流出来，不一会儿，金钱豹张开大嘴，倒在地上。

爱克兰这才松了一口气，急忙跑到附近的一棵大树下，把伤口包扎好。等他重新回到金钱豹倒下的地方时，发现它已经不翼而飞。难道它没有死？

爱克兰仔细察看草地，一条长长的血带断断续续地延伸到前方。他顺着血迹一步步搜索过去。爱克兰来到一棵巨大的沙松树跟前，发现一条长长的豹尾和两条毫无生气的后腿从树洞口耷拉下来，鲜血染红了洞口。

爱克兰心中一阵纳闷：刚才和自己搏斗的那只金钱豹怎么会跑到这里来？它为什么要爬到这个树洞里去呢？爱克兰大胆地踮起脚向树洞里望去——啊！他惊异地叫了一声，他看见两只豹崽正依偎在金钱豹的怀中，起劲儿地吮吸着妈妈的奶头。它们浑身沾满了鲜血，不停地往母亲怀里拱着……

爱克兰受到了很大的震动，原来，伟大的母爱使这只金钱豹在生命最后一息重新回到孩子们身边。看着这一情景,爱克兰的眼睛顿时模糊了。

后来，爱克兰把这两只小豹崽送给了国家动物园，把那头母豹制成了一架漂亮的标本。他在标牌上写着：“为了两只刚出生的孩子，这头母豹在弥留之际，竟然爬了千余米的距离，重新回到窝里，用剩下的一点儿乳汁拯救了它的孩子。”

从此以后，爱克兰再也没有射杀过任何动物，哪怕是一只野兔和小鸟。

房屋就要倒塌了，平时那样柔弱的母亲，却能一把抱起两个孩子，箭一般地冲向楼下……

世界上，只有母亲的生命是随时准备为孩子牺牲的。

世界上生命的种类千差万别，但只有“母亲”是没有差别的：她们对孩子的爱是没有差别的；她们为孩子所表现出的无私是没有差别的；她们愿意为孩子牺牲一切的无畏也是没有差别的——感谢大地上所有的母亲。

达尔文的童年

有一个孩子，在学校时的功课差极了，老师说他的智力有问题。看上去，他的确有些沉默寡言，他可以一个人坐在屋前的花园里对着花草小虫凝望很长时间。

他的父亲教训他："除了猫、狗、蚂蚁、老鼠、花草以外，你什么都不关心，将来会有辱你自己，也会辱没整个家庭的。"他的姐姐也看不起这个成绩不佳、行为怪异的弟弟，他在家庭中成了一个不受欢迎的人。

但是，他的母亲却不这样看他，她想，如果孩子没有一些自己的乐趣，那他的生活还会有什么色彩？

妈妈支持儿子去花园，还让他的姐姐也一同去。母亲耍了一个小心机，她对儿子和他的姐姐说："比一下吧，孩子们，看谁通过花瓣先认出是什么花。"儿子总是比姐姐认得快，母亲每次都吻他一下。

对儿子来说，这是多么令人兴奋的一件事啊——他能够回答出姐姐无法回答的问题，他能够认出许多植物和动物的名称，他甚至能通过观察蝴蝶翅膀上斑点的数量，判断它们的分类。

对于母亲的做法，父亲始终觉得不可理喻。父亲认为那种对儿子的放任是无助于成长的，除了暂时麻醉他的心灵之外，根本毫无益处。但是，就是这位醉心于鸟虫花草的孩子，多年后成了生物学家，创立了著名的"生物进化论"。他就是19世纪英国最伟大的博物学家、生物学家查理·罗伯特·达尔文。

有什么样的母亲，就有什么样的孩子。母亲是一个容器，她能决定孩子心胸的大小；母亲是一片天空，她能决定孩子前程的远近。

孩子眼里的世界

美国内政部长办公室特别助理凯瑟琳回忆：16岁那年的夏天，她过得闷闷不乐，整天唉声叹气，在屋子里毫无目的地走来走去。父母问她原因，她的回答一概是“没什么”。

直到父亲坐到她身边，拉起她的手亲切地询问时，她才把心事和盘托出。原来她暗中喜欢上了一个男孩，可那男孩根本不知道有她这个女孩的存在！

父亲郑重地和她谈心，告诉她什么是生活，什么是爱情。凯瑟琳说：“那一刻我至今难忘。父亲没有取笑我，更没有责备我，而是对我表示尊重和理解，告诉我应该如何对待此事。最后，他还赞许地说我是个感情纯真的可爱女孩。”

凯瑟琳的父亲是CIGNA公司的退休董事长，他并没有修过家政课，但他对独生女儿始终实行三条准则：表达对她的爱；抽时间和她在一起；用她的眼睛去看世界。

女作家安妮·迪兰德在《一个美国人的童年》一书中回忆道：5岁时，她在公园的小径上偶然用小木棒掘出一枚一角钱的银币，于是惊喜地拿给爸爸看。爸爸没有不屑一顾，而是用带有诗意的语言解释说：“时光埋葬了这枚银币，泥土细心地把它包裹起来……”这两句随口说出的话对女儿却产生了深远的影响，“我决定当探险家，然后当作家，把一切神奇的故事用诗的语言告诉别人。”

有一次，英语教授麦登和4岁的儿子格比去看波士顿一支著名棒球队的比赛，满以为父子俩都会很尽兴，谁知才看了一会儿，格比就说："棒球看够了，我要回家。"麦登心情恶劣地带儿子出了运动场。

回家经过科学博物馆，麦登教授想起上次带儿子参观时，他兴致很高，并希望再来一次。于是父子俩走了进去。"格比进了博物馆，就从一个厅奔到另一个厅，高声呼唤我去分享他的新发现。"麦登回味这一天，感到很有意义，因为，他不但通过儿童的眼光看到了生活中过去忽略的美，而且认识到，与孩子在一起，成年人最好放弃"应该这样应该那样"的先入之见。

斯迪夫是一名机械工程师，圣诞节到来时，他给女儿买回一个昂贵的玩具，却见她对玩具置之不理，倒对装玩具的盒子爱不释手。他感到难以理解："那只是个盒子，又不是个城堡。"可是，当他回忆起自己幼年把玩具小车当成马车、把小床当成宇宙飞船时，却禁不住笑了。

他发现，随着时光的流逝，他离孩子的心已经远了。

几乎所有的父母都爱自己的孩子，但只有极少的父母爱得正确。爱自己的孩子，就要在乎他们怎么想，而不是你自己怎么想。

爱是绝对没有过错的，但给予爱的方式却一定有对错之分。

珍藏一生的诗句

在旧金山，有这样一个普通美国人的家庭，母女俩相依为命。

在女儿4岁的时候，父亲应征入伍，前往越南作战，不幸阵亡。

4岁的孩子对父亲的印象很模糊，母亲却时常追忆往事，翻阅照片，努力使父亲继续活在她们中间。

父母亲当年青梅竹马，父亲丧生以后的20年，虽然女儿多次劝她，但母亲竟未再婚。

不久前，这位坚强的母亲病逝了。女儿收拾遗物的时候，在一只收藏纪念品的小盒里，发现了一首母亲写的诗——

记得那天，我借用你的新车，可我撞坏了它。

我以为你会骂我，但是你没有……

还记得那一次，我拖着你去海边，而你说那天会下雨。

果然那天下雨了。

我以为你会说：我告诉过你啦！但你并没有……

记得那一次，我向所有的男孩子挑逗，

我想引你妒忌，引你发狂，而你没有……

你记不记得那一次，我不经意在你新铺的地毯上，吐了满地的草莓饼？

我以为你一定会厌恶我，但是你没有……

记得有一回，我忘记告诉你那个舞会是穿礼服的，而你只穿了牛仔裤。

我以为你一定要向我发怒，但你却没有……

是的，有许多许多的事，你全都没有做。

你容忍我、钟爱我、保护我……

有许多许多的事，我要回报你，我要感激你，

我曾经发誓——当你从战场回来……

但是你没有！

女儿几乎读不下去了。她终于知道，这么多年，为什么母亲能平静地面对一切；这么多年，为什么一个没有父亲的女儿却感到生活照样快乐充实——因为母亲的心中始终珍藏着一个美丽的童话。

林格太太，我希望我的女儿能和别的孩子一样快乐，我恳求你把你博大的爱心也平分给她。

拥有真情是幸运的，当不幸降临的时候，这种不屈不挠的情感足以使人战胜一切苦难。

培养孩子执著的真情，并不是为了别人，是为了他们自己。真情才能产生真爱，真爱才会产生勇气，勇气才能战胜苦难！

利润的另一种算法

小镇上有一个五金店，店老板从事这一行已有20多年，生意一直很好。尽管他生意做得很出色，但对会计业务一窍不通，店里甚至连账簿都没有。他把支票放在一个棕色的大信封内，把钞票放在雪茄盒里，把到期的账单都插在票夹上。

一天，老板的小儿子来探望他，看见店里的情形，就说："爸爸，我实在搞不清你是怎么记账的，你这样做根本无法核算成本和利润，那样会影响你的商业决策。我替你设计一套现代化会计系统，好吗？"

老板摇摇头说："不必了，孩子，我自己心里有数。我父亲是个贫困的农夫，他去世时，我只有一条工装裤和一双鞋。后来我离开乡下农场来到城里，依靠辛勤工作，我终于有了这家五金店。

我刚开五金店时，还是独身一人，后来一个城里的女孩子答应和我结婚，她就是你们的妈妈。有了她的帮助，我的生意更加蒸蒸日上，于是我们考虑生几个孩子。

你们三个相继出世了，你哥哥当了律师，你姐姐当了编辑，你是经济学博士。现在，我和你妈妈住在一所很不错的房子里，还有两部汽车。我是五金店的老板，而且不欠人家一分钱。"

老板停了一下，接着说："我的计算方法很简单，把我现在拥有的一切加起来，扣除那条工装裤和那双鞋，余下的就全是利润了。"

亲情的成本是爱，利润还是爱——亲情的投资，是世界上最好的投资。

盖奇的圣诞礼物

爱德华先生订了好几份报纸，以便每天早晨可以浏览到最新的金融信息。送报的是一个十来岁的小男孩。每天清晨，他骑单车飞快地沿街而来，从帆布背袋里抽出卷成筒的报纸，投到爱德华先生的门廊下，再飞快地骑着车离开。

一个周末的晚上，爱德华先生回家时，看见那个报童正沿街寻找什么。他停下车，好奇地问："嘿，孩子，找什么呢?"报童微微一笑，回答说："我丢了5美元，先生。"

一种怜悯心促使爱德华先生下了车，他掏出一张5美元的钞票递给小孩说："好了孩子，你可以回家了。"报童惊讶地望着爱德华先生，并没伸手接这张钞票，他的神情告诉对方：他不需要施舍。

爱德华先生想了想说："算是我借给你的，明早送报时你给我写一张借据，好吗?"报童终于接过了钱。

第二天，报童果然在送报时交给爱德华先生一张借据，上面的签名是盖奇。其实，爱德华先生一点儿都不在乎这张借据，不过他倒是关心小盖奇急着用5美元干什么。"买个圣诞天使送给我妹妹，先生。"盖奇自豪地告诉他。

孩子的话提醒了爱德华先生，再过一星期就是圣诞节了。晚上，一家人好不容易聚在一起吃饭时，爱德华先生宣布道："下星期，我恐怕不能和你们一起过圣诞节了。不过，我已经交代秘书在你们每个人的户头里额外存了一笔钱，随便买点什么吧，就算是我送给你们的圣诞礼物。”

饭桌上并没有出现他期望的热烈，家人只淡淡地说了一句礼貌的“感谢”。爱德华先生心里很不是滋味。

星期一早晨，盖奇照例来送报，爱德华先生破例走到门外与他攀谈：“你准备送妹妹的圣诞天使买好了吗？花了多少钱？”

盖奇回答道：“一共48美分，先生。我昨天先在跳蚤市场用40美分买下一个旧芭比娃娃，再花8美分买了一些白色纱绸和丝线。我同学拉瑞的妈妈是个裁缝，她愿意帮忙把那个旧娃娃改成一个穿漂亮纱裙长着翅膀的小天使。要知道，那个圣诞天使完全是按童话书里描述的样子做成的——那是我妹妹最喜欢的一本童话书。”

盖奇的话深深触动了爱德华先生，他感慨道：“你多幸运，48美分的礼物就能换得妹妹的欢喜。可是我呢，即使付出比这多得多的钱，得到的不过是一些言不由衷的客套话。”

盖奇眨眨眼睛说：“也许是他们没有得到所希望的礼物？”爱德华先生皱皱眉头，不解地说道：“我给了他们很多钱，难道还不够吗？”盖奇摇头说：“先生，圣诞礼物其实不一定要花很多钱，而是要花一些心思。”

爱德华先生站在门口沉思好久才转身进屋。早餐已经摆好了，妻子儿女们正等着他。他没有像平时那样自顾自地边喝牛奶边看报纸，而是笑着对大家说：“告诉你们，我已经决定取消去加拿大的计划，我要留在家里和你们一起过圣诞节。现在，请你们告诉我，你们最希望得到什么样的圣诞礼物呢？”

他的话刚说完，全家人都露出了惊喜的欢呼，他的女儿甚至带着怀疑的表情问他：“爸爸，你说的是真的吗？”

爱其实并不在于馈赠多少礼物和金钱，爱在于你馈赠了多少在意和用心。

妈妈的血

汤姆两三岁时就从奶奶那里得知，他是从妈妈肚子里生出来的，为了证实，他还特别看了妈妈肚子上那条吓人的疤痕。

有一天，他亲眼从电视上看到一次剖腹产手术的真实场面。当时他似乎吓坏了，赶忙用小手把妈妈的头转过来，很郑重地问道：“妈妈，你生我的时候肯定流了很多血吧！”

“嗯。”妈妈点点头。

“有多少血？你跟我说嘛！”

“好几大碗呢！”妈妈想把他搪塞过去，“喏，就像电视里那么多。”其实，电视里只是血淋淋的，并没显示有多少血。

“到底有几大碗呢？”儿子一脸认真地问。

这下把妈妈给难住了，她想了一会儿，含含糊糊地说：“我也记不清了，当时我都疼晕过去了。”

“晕了？晕了几天？”

“7天。”妈妈脱口而出，又觉得太夸张，赶紧更正说，“晕了整整一天一夜，接着就发高烧，躺在病床上打了3天吊针，7天伤口才拆线。”

汤姆低垂着眼帘，很显然，他在努力理解妈妈描述的情形。对于他来说，想清楚生孩子时的痛苦样子还有些困难。他思索了一会儿，轻轻用一双小手把妈妈的脸扳过来，一字一句地说：“妈妈，我以后再也不烦你了！”

妈妈顿时泪如泉涌。

当我们出生的时候，母亲的身体为我们流血；当我们遇到灾难坎坷的时候，母亲的心为我们流血；当我们成长的时候，母亲为我们担心操劳，她们用一世的生命为我们流血。

可是母亲从来不要我们报答，因为她们根本就不记得为我们流过了多少血。

昂贵的项链

豪斯先生站在柜台后面，百无聊赖地望着窗外。这时，一个小女孩走了进来，她把整张脸都贴在玻璃橱柜上，出神地盯着那条蓝宝石项链。

小女孩说："我想买那条项链给我姐姐。您能包装得漂亮一点吗?"豪斯先生狐疑地打量着小女孩，问道："你有多少钱?"

小女孩从口袋里掏出一个小手帕，小心翼翼地解开所有的结，然后摊在柜台上，兴奋地说："这么多还不可以吗?"豪斯先生一看，不过是十几枚硬币而已。

小女孩说："今天是姐姐的生日，我想送件好礼物给她。自从妈妈去世后，姐姐就像妈妈一样照顾我们，我相信她一定会喜欢这条项链的。"

豪斯先生犹豫了一下，还是拿出了那条项链，把它装在一个小盒子里，用一张漂亮的红色包装纸包好，还在上面系了一条绿色的丝带。豪斯先生对小女孩说："拿去吧，小心点。"小女孩满心欢喜，连蹦带跳地回家了。

就在这一天的工作快要结束的时候，店里突然来了一位美丽的姑娘，她有一双漂亮的蓝眼睛。这位美丽的姑娘把已经打开的礼品盒放在柜台上，礼貌地问道："先生，这条项链是从您这里买的吗?请问是多少钱?"

豪斯先生微笑着说："是的，不过本店商品的价格是卖主和顾客之间的秘密。"

这位美丽的姑娘继续说："我妹妹只有十几枚硬币，这条项链货真价实，她是买不起的。"

豪斯先生接过盒子，精心将它重新包好，系上丝带，又递给了姑娘："她给出了比任何人都高的价格，她付出了她所拥有的一切。况且，我觉得你有资格佩戴这条项链。"

我打算用这个东西从海里捞起一些珍珠，然后做成项链，等母亲节到来的时候，送给我妈妈。

世界上最昂贵的东西不是"很多"，而是"全部"。

独一无二的家教

艾尔非常年轻的时候，就已经是一个娴熟的艺术家和制陶师了，他有一个妻子和一个优秀的儿子。

一天晚上，艾尔的妻子感到胃部疼得很厉害，但是艾尔却认为这只是普通的疾病，于是就没有多加注意。可是妻子得的却是急性阑尾炎，就在那天半夜，她痛苦地死去了。

如果不是由于艾尔的粗枝大叶，如果他能稍微意识到妻子病情的严重性，死亡本来是可以避免的——在巨大犯罪感的压迫下，艾尔的情绪一下子变坏了。因为受不了心灵的打击和痛苦，艾尔妄图从酒精中寻求解脱，没过多久，他就变成了一个酒鬼。

6 岁的儿子，从此就和这样一个父亲生活在一起。随着对酒精的迷恋越来越深，艾尔过去拥有的一切开始一点儿一点儿地失去——他的家、他的土地、他的艺术品……最后，他在旧金山一家汽车旅馆里孤独地死去。

当人们听到艾尔去世的消息后，就连过去最好的朋友佩基都无法掩饰对他的蔑视：“这是一个多么彻底的失败者呀!”

然而，随着时间的流逝，佩基开始改变对艾尔的评价，因为，他认识了艾尔已经成年的儿子邦尼。邦尼是佩基所知道的最仁慈、最富爱心的人之一，而且他的孩子们也和他一样心地善良，举止文雅。

邦尼很少谈论他的父亲，要为一个酒鬼辩护是多么困难啊。

一天，佩基鼓起勇气问邦尼：“有一件事我感到非常迷惑，”他说，“我知道你是由你的父亲抚养长大的，那么，他是如何使你成为这样一个优秀的人呢?”

邦尼平静地坐在那里，仔细思索了一会儿，然后说：“从我记事起，一直到我18岁离开家，即使烂醉如泥的时候，父亲每天晚上也要到我的房间里来，在我的面颊上轻吻一下，并且说：‘我爱你，儿子。’”

佩基的心颤抖了一下，他意识到过去对艾尔的看法是多么愚蠢。艾尔虽然没有给儿子留下什么物质财富，但是他用一个父亲挚爱的心，培养出了一个非常优秀的儿子。

有的父母拥有很多，他们不知道该给孩子什么；有的父母一无所有，他们不知道能给孩子什么。

其实，养育一个好孩子并不需要很多，一声“晚安”、一个真情的吻、一句“我爱你”就足够滋养孩子的心灵——真诚的爱就是孩子最好的粮食。

可怜父母心

孩子！当你还很小的时候，

我花了很多时间，教你慢慢用汤匙、用刀叉吃东西，

教你系鞋带，扣扣子，溜滑梯，

帮你穿衣服，揩鼻涕，梳头发……

这些伴随你成长的点点滴滴，是多么令我怀念不已。

所以，当我想不起来，接不上话时，

请给我一点时间，

等我一下，让我再想一想，

有可能最后连要说什么，我也一并忘记……

但是，你一定要原谅我，

也许马上我就能重新记起。

孩子！还记得我们练习了好几百遍你才终于学会的第一首儿歌吗？

是否还记得，每天我总要绞尽脑汁去回答你不知从哪里冒出来的无数个“为什么”？

所以，当我重复又重复地说着老掉牙的故事，哼着你孩提时代的儿歌时，

请你不要打断我，

让我继续沉醉在这些回忆中，

切望你，也能陪着我重温昔日……

孩子，现在我常忘了扣扣子，系鞋带，
吃饭时会弄脏衣服，梳头时手不停地颤抖……
不要催促我，要对我多一点耐心和温柔，
只要有你在一起，就会有很多的温暖涌上心头……

孩子！如今，我的脚站也站不稳，走也走不动，
曾经我可是一口气能把你背很远很远啦，
所以，请你紧紧地握着我的手，陪着我，慢慢地，
像我曾经拉着你蹒跚学步一样。
让我们肩并着肩，小步小步地往前走……
如果你愿意，还可以轻轻哼几支曲子，
最好是我们都熟悉的那一些。
孩子，我老了，
可是我永远记得你小时候的样子……

假如你的父母还能清楚地看见你，还能听见你说话；假如你能抽出一点时间，假如你还没忘记他们曾经给你的爱——回去看看他们吧！年华正离去，他们多希望你陪他们走一段路，说几句话，或者随便地坐在一起看看窗外的天空。光阴似箭，世事如烟，不知道明天过后，你还有没有这样的机会度过这样的时光。

童真

纯白无瑕的善意

HARVARD FAMILY INSTRUCTION

公主的小月亮

小公主雷娜生病了，御医们束手无策。国王问女儿想要什么，雷娜说，她想要天上的月亮。国王立刻召见他的首席大臣伯伦，要他设法把月亮从天上摘下来。

伯伦从口袋里掏出一张纸条，看了看，说："我可以弄到象牙小狗、金子做成的昆虫，还能找到巨人和侏儒……"

国王很不耐烦，一挥手，说："我不要什么象牙小狗，你马上给我把月亮弄来。"

伯伦面露难色，一摊手，说："月亮是热铜做的，离地6000公里，体积比公主的房间还大，微臣实在无能为力。"

国王大怒，让伯伦滚出去。尔后，他又召见了宫中的数学家。这位数学大师头顶已秃，耳朵后面总是夹着一支铅笔，他已经为国王服务了40年，不少难题一到他手中便迎刃而解。可这回，他一听国王的要求便连声推托："月亮和整个国家一样大，是用巨钉钉在天上的，我实在没办法把它取下来。"国王听后很失望，挥手让数学大师退下。

接下来被请去的是宫中的小丑。他穿戴滑稽，全身上下还挂着一串串铃铛。他连蹦带跳，叮叮当当地跑到国王面前，问："请问陛下，有何吩咐？"

国王又将事情的原委说了一遍。小丑听后沉吟良久，方才慢慢地说："陛下，您的大臣们都是具有远见卓识的智者，但月亮究竟是何物，他们的说法不一。我们不妨问问雷娜公主，她以为月亮是什么样子呢?”国王表示同意。

小丑连忙去问雷娜公主。小公主躺在床上，有气无力地说：“月亮比我手指甲小一点，因为我伸出手指放在眼前便挡住了它。月亮和树差不多高，我常见到月亮停在窗外的树枝上。”

小丑问月亮是由什么做成的，公主说：“大概是金子吧。”

小丑连忙让工匠用金子打造了一个小月亮，送给公主。小公主欢天喜地，第二天便下床在院子里玩耍了。

可是，天近黄昏时国王又开始发愁了，心想：“女儿见到天上又升起一个月亮，岂不又要闹腾?”他连忙又将首席大臣和数学大师请来商议对策。

首席大臣说：“给公主戴副墨镜如何? 戴上墨镜公主就看不见月亮了。”

国王不同意，说：“公主戴上墨镜，走路会摔倒的。”

数学大师在房间里来回走着，低头沉思，忽然他止住脚步，说：“有办法了，陛下。我们来放鞭炮！让鞭炮的火花把黑夜照得如同白昼一样，不就看不见月亮了吗?”

国王摇摇头说：“鞭炮太响，肯定吵得公主睡不着觉。”

这时，月亮已经升上树梢，国王只好再去请教小丑。小丑胸有成竹地说：“陛下，我们还是问问雷娜公主吧。”

小丑走进公主卧室时，她已经静静躺在床上了，但还没睡着。小丑问：“月亮怎么能够同时挂在天空和你的脖子上呢?”

雷娜公主笑了，说：“你真傻，这有什么奇怪。我掉了一颗牙齿之后又长出来一颗新牙齿，采掉一枝花朵后又会长出新的一朵，月亮也是这样呀。”小公主的声音越来越低，她慢慢合上了眼睛，脸上浮出了甜甜的微笑。

小丑给公主盖好毯子，轻手轻脚地走出了房间。

智谋、学识和权力，在孩子面前都会失去力量，我们唯一能抵达孩子内心的途径，就是那颗孩子一样纯净天真的心灵。

在儿童的世界里，道貌岸然的我们才是真正的小丑。

让你的花开在花园

有一位牧师，奉派到新教区任职，他发现，前任牧师在教堂外面的院子里种了数百株郁金香。

在教堂的旁边有一所小学，每天上学的学童走过教堂花园的时候，情不自禁地都要摘一朵花。他们走近花圃，先是指指点点地欣赏，然后就走上前，一边望着花，一边望着牧师，纷纷问道："我可以摘一朵花吗?"

开始，牧师不知道如何应付这样的场面，因为，他不忍心拒绝一个个真正爱花的孩子。可是，没过多长时间，院子里的花越来越少了。

不久，牧师有了主意。当孩子们再来问他，"我可以摘一朵花吗?"，牧师就慈祥地问："你想要哪一朵?"

一个孩子选了开得最美的一朵郁金香。牧师马上说："好！这朵花就是你的了。要是你把它留在花园，它会开很长时间也不会凋谢，而且你每天都可以来看它一下。而你现在摘走它的话，数小时以后它就没有了。你想留下它吗?"

孩子想了一会儿，然后说："我要把花留在这里，过一会儿再来看它。你能帮我留住它吗?"

几乎所有的孩子，都在这里选了一朵他们最喜欢的花，每个人都同意把他们的花留在园子里。

那年春天，牧师送出了整个花园的花，但没有一朵被摘走。看到那些鲜艳的花朵，牧师的眼前就浮现出一群可爱的孩童。

美好的事物，总是让我们对它产生想拥有的渴望，可有时，因为我们的这种渴望，使那些美好的事物失去了它的美好，失去了它向更多人展示美好的机会。

让美好按照美的样子存在着吧，占有并不是最好的选择。

父亲的一小时

父亲很晚才下班回家，他的工作压力很大，心里也有点烦，他想休息一下。而这时，他发现自己5岁的儿子靠在门旁等他。

“爸爸，我可以问你一个问题吗？”

“什么问题？”

“爸爸，你1小时可以赚多少钱？”

“为什么问这个问题？”父亲问道。

“我只是想知道，请告诉我，你1小时能赚多少钱？”小孩固执地再次追问。

“我1小时可以赚20美金，有时还多一点。这有什么问题吗？”父亲没好气地说。

“哦，”小孩低下头，接着说，“爸爸，您可以借给我10美金吗？”

父亲有些生气了：“别再去买那些毫无意义的玩具，爸爸整天就为了你才这么累，你却只想到乱花钱。”

孩子委屈地回到自己的房间，并关上门，父亲生气地坐在客厅里。

过了一会儿，他心里平静下来，觉得刚才对孩子太凶了。或许孩子真的很想买什么东西，再说他平时很少要过钱。

父亲走进孩子的房间，发现他正躺在床上。他轻轻问道：“你睡了吗，儿子？”

“爸爸，没有，我还醒着。”孩子回答。

“对不起，我刚才太粗暴了，”父亲边说边将钱递给孩子，“这是你要的 10 美金。”

“爸爸，谢谢你。”小孩欢叫着从枕头下面拿出一些被弄皱的钞票，慢慢地数着。

“你已经有钱了，为什么还要？”父亲又有些生气，他不知道这个孩子今天到底是怎么了。

小孩把所有的钱举在手上，说：“爸爸，我现在有 20 美金了。我可以向你买 1 个小时的时间吗？明天请早点儿回家——我想和你一起吃晚饭。这是我盼望已久的事情。可以吗？”

父亲站在床前，半天说不出一句话来。

当你想到南方去，却把车开向了北方；当你整天为了孩子的未来忙碌时，却一直在将孩子的现在忽略；你以为在实施父爱，其实却在背离父爱。

迈克的理想

约翰大学毕业后到一所小学当文法教员。他上课的第一天，就让全班 24 个孩子各自写一篇作文，题目是：我的理想。

作业本交上来后，约翰发现孩子们的想象力非常丰富。有的说将来要当科学家，有的想当演员，有的要当电脑程序员，有的想当农场主……可是，当他翻开小迈克的本子时，顿时大吃一惊：他说，他的理想是当一条狗。

粗糙的格子上用粗糙的铅笔写道："我爸爸原是一个杂货推销员，他经常对我说，'你要好好学习，长大了成为百万富翁'。后来爸爸因车祸去世了，妈妈突然变得郁郁寡欢。她不再像原来那样开朗快乐，不再和邻居往来。

为了让母亲健康而平安地活下去，我从旧书摊买来一大堆杂志和小说，希望能驱散母亲的悲伤。可是，她对什么都不感兴趣，整天看着院子里的玫瑰和郁金香发呆——那是爸爸在世时专门为妈妈栽种的。

妈妈曾经是那么漂亮，她喜欢唱歌，喜欢带着我到邻居家串门，那时候，她的脸上总是带着幸福的微笑。可是现在，忧郁的心情使她衰老，当我半夜醒来听见她低声哭泣的时候，我的心都要碎了。

所以，我现在不再想当百万富翁，我的理想是当一只小狗。假如我成了小狗，就可以天天守在妈妈跟前，免得她一个人因为痛苦而孤独……"

作文很短，刚好一页，字迹歪歪斜斜的。约翰读完最后一句的时候，差一点儿就哭了。那天，他被这个二年级学生的“理想”震撼了，他觉得，这是世上最感人的理想。

“埃伦，你觉得我会成为一个很漂亮的女孩吗？”

“当然会，你会比我还要漂亮。”

“不，我要比妈妈还漂亮才行，那样的话，爸爸也会天天拥抱我了——可是现在，他只拥抱妈妈。”

迈克没想要变成总统，让母亲享受权力；没想要变成富豪，让母亲享受金钱——他只想变成一只小狗，他要让母亲享受他最体贴最温暖的关怀。

想吃冰激凌的小女孩

那是入夏以来最热的一天，街角的冰激凌超市成了最受欢迎的地方。一个赤着脚的小女孩来到超市前，她手中攥着一枚硬币，想买一个冰激凌。

自从父亲去世之后，她已经好久没吃过冰激凌了。昨天她帮助隔壁的梅娅奶奶上医院，今天妈妈特地奖励她。

她高兴地向超市跑去，刚到门口却被拦住了，侍者示意她看一看门上挂着的告示牌，上面写着："赤足者免进。"

她的脸红了，于是转过身，忍着眼泪，想赶快离开。

就在这时，超市里的一位先生走了出来。他跟在小姑娘的后面，叫住了她："你很想吃冰激凌吗？"

女孩难为情地看看自己的脚，眼泪止不住地流了下来。

那位先生擦掉小女孩脸上的泪水，然后脱下自己脚上的大皮鞋放到她面前，轻松地说："孩子，我知道你不喜欢这双鞋，它的确又大又笨，可是，它却能带你去吃美味的冰激凌。"

女孩惊讶地看着他："真的吗？这样我就可以进去了吗？"

"当然。你穿着它们进去，我就坐在这里等你。不过你走路得小心点。"

那位先生弯下腰帮小女孩穿上大皮鞋，她感激得几乎说不出话来。她摇摇晃晃地走向冰激凌柜台，超市里突然安静了下来，人们都一齐看着她举着硬币的小手和那双奇大无比的皮鞋。

每一个人都有自尊，每一个人都希望自己体面，即便是孩子。

体贴地照顾一下别人的自尊，有时只需举手之劳，只要你愿意摘下虚伪的面具。

实际上，一双孩子的赤脚，比任何华丽昂贵的皮鞋都漂亮、高雅。

林肯的胡子

在美国第16任总统林肯的故居里，挂着他的两张画像，一张有胡子，一张没有胡子。在画像旁边的墙上，贴着一张纸，上面歪歪扭扭地写着——

亲爱的先生：

我是一个11岁的小女孩，非常希望您能当选美国总统，因此，请您不要介意我给您这样的一位伟人写这封信。

如果您有和我一样的女儿，就请您代我向她们问好。要是您不能给我回信，就请她们给我写吧。我有四个哥哥，他们中有两人已决定投您的票。如果您能把胡子留起来，我就能让另外两个哥哥也选您。

您的脸太瘦了，如果留起胡子就会更好看。所有的女人都喜欢胡子，那时，她们也会让她们的丈夫投您的票。这样，您一定会当选总统。

格雷西敬上

1860年10月15日

在收到小格雷西的信后，林肯立即亲自回了一封信——

小格雷西，我亲爱的小妹妹：

收到你15日的来信，非常高兴。令人遗憾的是，我没有女儿，只有三个儿子，一个17岁，一个9岁，一个7岁。我的家庭就是由他们和他们的妈妈组成的。

关于胡子，我从来没有留过，如果我从现在起留胡子，你认为人们会不会觉得有点可笑？

衷心地祝愿你

亚伯拉罕·林肯

1861年2月，当选总统的林肯在前往白宫就职的途中，特地在小格雷西居住的小城韦斯特菲尔德车站停了下来。他对欢迎的人群说："这里有我的一个小朋友。我的胡子就是为她留的。如果她在这儿，我要和她谈谈。她叫格雷西。"

小格雷西兴奋地从人群中挤到林肯面前，林肯把她紧紧地抱了起来，亲吻她的面颊。小格雷西轻轻地抚摸他的又浓又密的胡子，高兴地说："真好看。"林肯对她笑着说："我是为了你才让它长出来的。"

林肯改变了美国，而格雷西改变了林肯，他们都运用了真诚的力量。

当格雷西的小脸紧贴在林肯胡须上的时候，我们看到的是一个民族最动人的真情。

孩子告诉父母的话

我的手很小，无论在什么时候，请别要求我把什么都抓住。我的腿很短，请慢些走，以便能跟上你。

我的眼睛并不像你那样见过世面。请让我自己慢慢地观察一切，并希望你不要对我加以过分的限制。

家务总是繁多的，我的童年却很短暂。请花一些时间给我讲一点有关世界的奇闻，不要仅把我当做取乐的玩具。

我的感情是脆弱的。请对我的反应要敏感点，我的哭闹和不高兴的情绪背后，都有你需要关注的原因。

我是上帝赐给你的一件特别的礼物。请爱护我，不要让我的身体和心灵受任何伤害。

你不能一辈子在我身边，所以请你告诉我将来靠什么生活，请你从现在起就开始训练我生活的各种技能。

我需要不断的鼓励，不要经常严肃地批评和威吓我。要记住，你可以批评我做错的事情，但不要批评我本人。

请给我一些自由，让我自己决定有关的事情，允许我做错事或不成功，以便从错误中吸取教训。总有一天，我会随心所欲地、正确地决定自己的生活。

不要试图把我同别的孩子作比较。我是独一无二的，我有我的方式，我有自己的行动准则。

不要怕我同你一起去度周末。小孩需要从父母那里得到愉快，像父母从小孩那里得到喜悦一样。

孩子是父母手心里的宝贝，养育他们不像养活一株草那么简单，呵护、陪伴、指引、欣赏……无论哪一样都不可或缺。

感谢孩子，他们教会了我们怎样像一个父亲或母亲那样生活。和他们共同成长，是人生最大的乐事。

请把我埋得浅一些

“二战”时期，在一座纳粹集中营里，关押着很多犹太人，他们大多是妇女和儿童。他们正遭受着纳粹无情的折磨和杀害，集中营的人数在不断减少。

有一个天真活泼的小女孩，和她的母亲一起被关押在一个集中营。一天，她的母亲和另一些妇女被纳粹士兵带走了，从此，再也没有回来，人们知道，她们肯定是被杀害了。

但这个小女孩不知道，她向大人们打听，她的妈妈到哪里去了，为什么这么久了还不回来。大人们沉默着流泪了，他们对小女孩说，你的妈妈去找你爸爸去了，不久就会回来。

小女孩相信了大人的话，她不再哭泣询问，而是唱起妈妈教给她的许多儿歌，一首接一首地唱，像轻风一样在阴沉的集中营吹拂。她还不时爬上囚室的小窗，向外张望，希望看到妈妈从远处走来。

小女孩没有等到妈妈回来。就在一天清晨，纳粹士兵用刺刀驱赶着，将她和其他数百名犹太人逼上了刑场。刑场上早就挖好了深坑，所有的人都将一起被活埋在这里。人们在恐惧中沉默着，发不出任何声音。他们一个接一个地被纳粹士兵残酷地推下土坑。

当一个纳粹士兵走到小女孩跟前，伸手要推她的时候，小女孩睁大漂亮的眼睛对纳粹士兵说：“大兵叔叔，请你把我埋得浅一点好吗？要不，等我妈妈来找我的时候，就找不到了。”

纳粹士兵伸出的手僵在了那里，周围顿时响起一片抽泣声，接着是一阵愤怒的呼喊……

谁也没能逃出纳粹的魔掌。但小女孩纯真无邪的话却撞痛了人们的心，让他们在死亡之前找回了人性的尊严和力量。暴力真的能摧毁一切？不，在天真无邪的爱和人性面前，暴力让暴力者看到自己的丑恶和渺小。

记住这个故事，米雪尔，通过它你可以明白：死亡能战胜生命，但希望却可以超越死亡。

纳粹可以埋葬小女孩的身体，却埋葬不了她的声音；罪恶能摧毁一个弱小的生命，但摧毁不了她心里的希望。

妈妈找不到她了，但世界找到了她——世界从她那里找到了生命的力量和信念。

苹果里的星星

詹妮回到家里，向父母讲述幼儿园里发生的故事："爸爸，你知道吗？苹果里有一颗星星！"

"是吗？"父亲轻描淡写地回答道。他想，这不过是孩子们的想象罢了，或者老师又讲了什么童话故事。

"你是不是不相信？"孩子打开抽屉，拿出一把小刀，又从冰箱里取出一个苹果。

"爸爸，我要让你亲眼看看。"她信心十足地说。

"我知道苹果里面是什么。"父亲不以为然地回答。

"来，还是让我切开给您看看吧。"孩子边说边切苹果。

"切错了！"父亲制止道。我们一贯"正确"的切法，是从苹果的顶部切到底部，而詹妮却是把苹果横放着，拦腰切下去。

她没有在意父亲的话。她把切开的苹果伸到父亲面前："爸爸你看，里面是不是有一颗星星？"

父亲很惊讶，他从来不知道苹果里还藏有一颗星星，因为，他从来没有对苹果采取过另一种切法。

活在俗成的习惯之中，我们肯定错过了许多意外的惊喜。

不要等着"错误"来为我们开辟新路，主动尝试一下，我们的生命就会更加宽广！

为什么不呢？你永远不知道下一秒钟会有什么奇迹！

沙滩上的玻璃片

特洛伊神情沮丧地走在海滩上，最近她的成绩一直很糟糕，每次考试只能得C，她对自己似乎有点绝望了。

特洛伊漫无目的地走着，突然，发现一双光脚从一张被露水沾湿的报纸下伸出来。她毛骨悚然地站着，双手紧紧抓着衣角。这时，她看见一只腿动弹了一下，接着，一只胳膊露了出来。随后，他一把扯开报纸，整个人露了出来。

“早上好!”这个人坐了起来，看见特洛伊就大声问候她。

特洛伊后退了两步。这个人的声音听起来倒不凶，可他那沾满沙子的脑袋，胡子拉碴的模样，着实让人害怕。

“去吧，”他说，“如果你看我的样子很吓人，就赶快跑开吧，我不会追你的……你似乎有点心情不好，我知道，小女孩也有心情不好的时候，对吗?”特洛伊看着他，默不作声。

他解开自己的鞋带，从鞋子里倒出一股细沙。“我深表谢意，因为你叫醒了我。我喜欢这样的生活方式，自由、浪漫、轻松……当然，在你看来，我不过是一个流浪汉而已。”

特洛伊慢慢地摇摇头。他微笑着，突然间显得年轻了许多。“我光顾谈自己了，现在来谈谈你吧。你会成为一个大人物的，我相信。不然，你也不会站在这儿啦——你早就跑走了。但是你没跑，你是个有主见的孩子。”

特洛伊只是瞪眼瞧着他，但不知道该说什么。一种巨大的怜悯、温情和理解突然涌上心头——自从父亲去世后，特洛伊很久都没有体验过这种感情了。

“来吧，”他哄着她，“告诉我，你将来想干什么？演员？画家？音乐家？作家？——也许，你还不知道？不知道更好，一切都在前面。可是，你得听着——”

他朝前探一下身子，“我要告诉你一个秘密，一个我知道得太晚的秘密。未来取决于自己的想法——你怎么看它，怎么寻找它？人们说，钻石又美又名贵，当然，这没错。可是，就在这儿——”他抓起一把细沙，“这儿也有成千上万颗钻石，只要你深入其中去发现……瞧这个！”他拿起一块玻璃碎片递给特洛伊，它的棱角已经被海水和沙子磨光了。“别人会说，它毫无用处。可是，把它对着太阳瞧瞧！它绿得像宝石，神秘得如翡翠，光洁得像璧玉！难道不是吗？”

一只海鸥尖叫着飞来，在他们头顶盘旋，宽大的翅膀在晨光中飘荡着。“看那里，”他指着海鸥，“你应该像海鸥那样，在高高的地方飞翔，不要害怕暴风雨，不要放弃哪怕只是针尖一样大的希望。孩子！要努力寻找，努力抓住晨光的双翅。”

特洛伊仔细看了看手里那块碎玻璃片，对着太阳它真的很漂亮。“要努力寻找，努力抓住晨光的双翅。”她记着这句话往前走，从此一步步走向了成功。特洛伊永远记得那天早晨，记得那个看似奇怪的人。而且，她一直保留着那块玻璃片。

如果我们手里只有一块碎玻璃片，不要把它沮丧地丢进大海。举起它，对着阳光，你就会看见另一种人生景色。

一阵风会给我们指引方向，一团泥土会向我们展示生命的奥秘——学会倾听这个世界，真理的声音有时会从看似很平凡的事物中发出。

在地球上挖个洞

两个小兄弟决定在屋后挖一个深洞。他们干得正欢时，两个大人停在一边看热闹。“你们在干什么呢?”一个大人问道。“我们打算挖一个洞，一直把地球挖穿!”小兄弟中有一个兴奋地答道。

大人笑起来，告诉孩子们说，“要把地球挖穿是不可能的”。

沉默了好一会儿，一个孩子拾起一个装满蜘蛛、蚂蚁和各种昆虫的罐子。他拿掉罐盖，把里面的精彩内容展现在嘲弄者面前，然后轻声但自信地说：“即使我们不能把地球挖穿，可瞧瞧我们挖到了什么吧!”

孩子们仍然继续着自己宏伟的计划，因为他们并不认为“挖穿地球是不可能的”。洞越挖越深，他们小罐子里的宝贝也越来越多。

终于有一天，他们停止了挖掘，并不是因为“不能挖穿地球”，而是他们觉得已经收集了足够多的“好东西”——现在他们发现，看着这些宝贝，比看到把地球挖穿更有意思。

一个宏伟的目标促使他们行动起来，但在行动中，他们发现了更好的图景。

并非所有的目标都会实现，并非所有的事业最终都能成功，并非所有的希望都能得到满足，并非所有的努力都有圆满结局。

当你达不到目标时，也许你可以这么说：“没错儿，但瞧我这一路上的奇妙发现！看看我的努力带给生活的精彩!”

孩子的生活里有很多奇妙的计划和想法，但他们的终极目标只有一个，那就是：快乐。所以，孩子才是人类的生活大师。

如果你挖不穿地球，但你还可以得到蚂蚁，得到甲壳虫，得到惊喜和笑声。其实，这几乎就是生活的全部。

生活其实也是一个挖掘的过程，真正重要的是乐在其中。

妈咪，瞧那个人

雨下得无休无止，像是要下到永远。邦德家的孩子们嘀嘀咕咕地发出埋怨，因为他们只能待在屋子里，好多天哪儿也去不了。

在孩子们的强烈要求下，妈妈答应把他们带出来，到购物中心旁边的电影院看电影。

邦德排在队列中买票，妈妈和其他孩子们在电影院门前等候，一边观看来去拥挤的人群。

他们3岁的儿子——乔一直在观察旁边的人，忍不住对经过的每一个人都评头论足。

“为什么那个男孩有一把伞，而他前面的那个没有?”

“瞧那个玩具人希曼。我喜欢那个颜色，那是他妈妈买给他的吗?”乔指着一个柱子旁的男孩说。

“快看看那个女孩手里的蓝色气球……”

突然，乔看见了一个人，他顿时闭了嘴。那也是一个小男孩，比乔要大几岁的样子，小男孩正坐在轮椅里，被人推了过来。

乔仔仔细细打量那个男孩：他腿上装了支架，头歪斜在一边，笑容扭曲，还流着口水。

当那个男孩被他妈妈推得更近时，邦德太太屏住了呼吸，她希望乔能在这一刻保持安静，别再盯着人家，她甚至打算马上拉着儿子离开这里。

当男孩近到可以听清他们说话的距离时，看见了正饶有兴致盯着他的乔，乔也注视着那个男孩。

邦德太太担心地望着儿子：乔，千万别说出让人尴尬的话呀！

乔更认真地看着那个男孩，然后抬头望着妈妈，微笑着说：“妈咪，你瞧，那个男孩戴了一顶跟我一模一样的帽子！”

你知道他们在那里干什么吗？他们说，他们在攀登月球。
可是，保罗却说，月球在他的脚上，他要把它踢到天上去。

一顶相同的帽子，让两个同样可爱却有着不同命运的孩子，站在了平等的生命舞台上。

世界上最善良的是童心，年仅三岁的乔，已经知道怎样体谅别人的苦难。在他稚嫩的惊叫声背后，藏着一颗让我们肃然起敬的心灵。

画家和他的孙女

一位著名的画家有一个 6 岁的孙女，她也很喜爱画画。

孙女画了一棵树。

画家说：“孙女，你画的树不对。”

孙女说：“怎么不对呢?”

画家说：“树枝不对。”

孙女说：“树枝怎么不对呢?”

画家说：“树枝怎么能比树干还粗呢?”

孙女说：“树枝怎么不能比树干粗呢?”

画家说：“那就不是树了。”

孙女说：“不是树你怎么说它是树呢?”

画家一愣，突然无话可说。

孙女画了一只小兔子。

画家说：“孙女，你画的那只小兔子不对。”

孙女说：“怎么不对呢?”

画家说：“兔子有红色的吗?”

孙女说：“兔子怎么会没有红色的呢?”

画家说：“你见过红色的兔子吗?”

孙女说：“没有见过。”

画家说：“那红色就不是兔子了。”

孙女说：“不是兔子你怎么说它是兔子呢?”

画家无话可说。

孙女又画了一匹马。

画家说："孙女，你画的那匹马不对。"

孙女说："怎么不对呢？"

画家说："马有翅膀吗？"

孙女说："马没有翅膀。"

画家说："那你为什么给马画了翅膀呢？"

孙女说："我想让马长出翅膀来。"

画家说："那就不是马了。"

孙女说："不是马你怎么说它是马呢？"

画家又没话可说了。

孙女还画了一只老母鸡。老母鸡下了一个蛋，那个蛋比老母鸡还大。

画家说："你画的那个蛋不对。"

孙女说："怎么不对啦？"

她拿着那张画去参加国际儿童画展，结果得了一等奖。

只有孩子不受知识、经验和功利的羁绊，所以，只有孩子的想象才是真正的想象。

同样一个世界，为什么有的人能够活得生趣盎然？因为生活就是艺术，而"有的人"永远都有一颗不被世俗锈蚀的赤子之心。

装满小屋的东西

一位睿智的父亲，为了考验3个儿子的聪明才智，经过苦心设计，想出了一道试题，限他们在10天内完成。

父亲分别给3个儿子每人100元钱，要他们用这些钱去买他们所能想到的任何东西，这些东西必须能够装满一个占地100平方米的大仓库。

长子思考了3天，最后拿100元钱买了一捆捆棉花。他将棉花散开，希望能装满仓库，但是，这些棉花连仓库的一半都没有装满。

老二想了5天，决定用100元钱购买最便宜的稻草。结果，由于仓库太大，依然没装满仓库的三分之二。

第10天，老三将父亲请到库房，他把所有的窗户关上，然后将大门也牢牢关好，整个仓库霎时变成一团黑暗。他从口袋中拿出一包火柴，不慌不忙地点燃了一支蜡烛。

顿时，仓库的每一个角落，都充满了蜡烛温暖的光芒。父亲高兴地将儿子搂在怀中。

世界上最辽阔的是天空，比天空更辽阔的是大海，比大海更辽阔的是我们的心，比心更辽阔的是智慧的光芒。

生活中总会有难题，总会有迷失方向的时候，只要心中有一支蜡烛，我们就什么也不害怕。

一双手套和一双鞋

一天，老师讲完圣诞老人的故事后，问学生：“如果圣诞老人在圣诞夜给大家送礼物，你们希望得到什么？”

教室里的气氛一下子活跃起来，孩子们一个个争先恐后抢着回答。有要芭比娃娃的，有要一个小妹妹的，有要一个史努比的，还有的学生想要一片花园……

只有一个男孩子，静静坐在座位上一句话都不说，这种热闹的场面好像与他无关。

他叫韦德，出生不久便没了母亲，父亲在他3岁时也不幸病逝，他是靠奶奶一手养大的。韦德家很穷，但他很懂事，在班里不仅人缘好，成绩也总是排在前列。

老师见韦德不吭声，就走到他跟前，说：“韦德，你呢？你最希望得到什么礼物？”韦德慢慢站起来，低着头说：“老师，我家的房子没有烟囱，圣诞老人能从哪儿进去啊？”他低低的语调含着忧伤。

老师一怔，没想到是这样的问题困住了韦德。老师想了想，微笑着告诉他，圣诞老人无所不能，自会有办法把礼物送到每个人的手里。

韦德抬起头，眼神显得明亮起来，他抑制不住兴奋地说：“要是那样的话，我想要一双棉手套和一双棉鞋！”

孩子们“哄”地一声笑了，这个愿望太微不足道了。韦德也笑了，笑得真挚、纯洁。

“为什么？”老师突然觉得，这个矮小又穷困的孩子，一定有他自己的愿望，绝对不会像听起来那样简单。

“老师的手要写字，一定很冷，有了棉手套就暖和了；奶奶的脚被冻坏了，我希望她能穿上棉鞋。”韦德稚嫩的声音在教室上空盘旋着，学生们顿时安静了下来，一个个若有所思地抿紧嘴唇，似乎有什么东西敲击着他们的心灵。

“老师，我的袜子是补过的，很旧，圣诞老人会往里面放礼物吗？”

忽然，韦德又想起什么似的沮丧地问道。老师还没有来得及回答，孩子们已经纷纷站起来，自告奋勇地说过年时要把自己的新袜子送给韦德，平时最调皮的几个学生这时也认真起来。

看着这些可爱天真的孩子，老师的泪水止不住流下来……模糊的泪光中，她看到有一双温暖的小手正拿起她冰冷的双手，贴在他暖暖的小脸上。

即使再贫困的日子，也剥夺不了孩子奉献爱心的激情和愿望。

爱其实和富有或贫穷没有关系。爱是一粒奇特的种子，无论把它放在哪里，它都能生长。

习惯

决定成败的细节

HARVARD FAMILY INSTRUCTION

费利斯家的学习课

费利斯的父亲出身于贫苦的农家，只读到五年级，家里就要他退学到工厂做工去了。

从此，世界便成了他的学校。他对什么都感兴趣，他阅读一切能够得到的书籍、杂志和报纸；他爱听镇上乡亲们的谈话，以了解这个偏僻小镇以外的世界。

费利斯父亲的好学精神和强烈的求知欲望，不但一直伴随着他自己的生活，而且他还把这种精神传给了家人和孩子——他决心要让家中的每一个人都热爱知识，接受良好的教育。

费利斯的父亲认为，人最不可宽恕的事情是：当晚上睡觉时，还同早晨醒来时一样无知。他常说："该学的东西太多了，虽然我们出世时愚昧无知，但只有蠢人才永远如此。"

为了防止孩子们堕入自满的陷阱，父亲要大家每天必须学一样新的东西，晚饭的餐桌就是他们交流新知识的场所。

每天，家中的每个人必须有一项"新知"之后，才可以吃晚饭。餐桌上，父亲的目光会停在他们当中某个人身上。

"费利斯，告诉我你今天学到了什么?"

"我今天学到的是尼泊尔的人口……"

大家顿时鸦雀无声。

费利斯一向都觉得奇怪，不论大家所说的是什么内容，父亲都不会认为琐碎无聊。

"尼泊尔的人口？嗯，好!"

接着，费利斯的父亲会看看坐在桌子另一端的母亲。

“孩子他妈，这个答案你知道吗?”

母亲的回答总会使严肃的气氛变得轻松起来。“尼泊尔?”她说，“我非但不知道尼泊尔的人口有多少，我连它在世界上什么地方也不知道呢!”当然，这种回答正中父亲下怀。

“费利斯,”父亲又说，“把地图拿来，我们来告诉你妈妈尼泊尔在哪里。”于是，全家人开始在地图上寻找尼泊尔的位置。

费利斯当时只是个孩子，一点儿也觉察不出这种教育的妙处。其实，他内心正迫不及待地想走出屋外，跟小朋友一起玩游戏。

如今回想起来，费利斯才明白父亲给他的是一种多么生动有力的教育。在不知不觉中，他们全家人共同学习、一同前进。

费利斯进入大学不久，便决定以教师为终身职业。在求学时期，他曾追随过几位最著名的教育家，但令他感到有趣的是，那些教授教导他的，正是父亲早就要求他知道了的东西。

学习如果只是孩子的事情，它可能就是一种劳役；学习如果是孩子和父母共同的事情，它就变成一种乐趣；当学习成为一个家庭每个人的事情时，它就成为一种甜美的生活。

老绅士的考验

一位非常富有但脾气古怪的老绅士想要找一个男仆。他的要求是，这个年轻人必须是个有教养的人。很快老绅士就收到近百封求职信，他逐一对这些孩子进行考核后，确定 4 个小伙子来参加最后的面试。

老绅士提前准备了一间房子，要求 4 个人先后进屋，各自在屋里坐一会儿。

查尔斯第一个进入房间。刚开始的时候他非常安静，过了一会儿，他看见桌子上摆放着一个罩子，好奇心让他很想知道这个罩子下面到底是什么。于是查尔斯站起来掀开了罩子，原来里面是一堆白色的羽毛。他急忙把罩子盖下去，可是轻轻的羽毛却被风吹得满房间乱飞。他想拾起羽毛放回桌上，结果弄得地上越来越多。

老绅士在隔壁的房间看得很清楚，结果查尔斯落选了。

亨利是第二个进入房间的人。他刚一走进去就被一盘诱人的、熟透的樱桃吸引了。“这么多樱桃，吃掉一颗，别人是不会发现的。”亨利心里想着，于是就顺手拿起了一个最大的樱桃放进了嘴里。但是这个樱桃的滋味并不像他想象的那样甜，而是非常酸涩，他忍不住把樱桃吐了出来。

亨利被打发走了。

接下来的是鲁弗斯·马克，他走进屋在椅子上坐了一会儿，四处打量这间装饰精美的房间。他看到柜子上有一排抽屉，其中一个没有上锁，于是决定拉开那个抽屉看看里面究竟有什么好玩的东西。但是，他刚刚将手放在抽屉的把手上，就响起了一阵刺耳的铃声。

老绅士走进屋，气愤地把鲁弗斯·马克赶出了房间。

最后一个进入房间的男孩名叫哈里·杰克逊。他在房间的椅子上静静地坐了20分钟，没有四处张望，也没有到处乱动。半个小时后，老绅士进来了。“我屋里有那么多新奇的东西，难道你不想看一看吗？”他对哈里说。“不，先生，没有你在场，没得到你的允许，我是不能动任何东西的。”哈里回答说，“这是我妈妈告诉我的，她说，无论何时何地都不能对别人的东西产生好奇。”

老绅士热情地拥抱了哈里，说道：“好孩子，如果你愿意，请留下来吧！”

哈里一直服侍着老绅士，他们像父子般一起生活了很多年。当老人去世的时候，他给哈里留下了很大一笔遗产，从此以后，哈里过上了富裕幸福的生活。

很多人都有窥探的冲动，尤其是孩子。这种冲动起初只是无意识行为，不过是一种好奇；但这种好奇会发展成为习惯，变为一种癖好；有一天，当这种习惯变成性格的时候，就成了可怕的贪婪。

拿破仑的鼓手

在马林果战役的前夕，拿破仑坐在营帐里，凝视着面前摊开的意大利地图。他把四枚钉子放在地图上，一边挪动钉子，一边思考着。

过了一会儿，他自言自语地说："现在一切都好了，我要在这里抓住他。"

"抓住谁?"身旁的一个军官问道。

"墨拉其，奥地利的老狐狸，他要从热那亚回来，路过都灵，回攻亚历山大里亚。我要渡过波河，在塞尔维亚平原迎着他，就在这儿打败他。"拿破仑的手指向马林果。

但是，马林果战役打响后，法军受到敌军强有力的抵抗，最后竟只剩招架之力，拿破仑精心筹措的胜利前景眼看就要成为泡影。

正在法军败退之际，拿破仑手下的将领德撒带着大队骑兵驰过田野，停在拿破仑站着的山坡附近。队伍中有一个小鼓手，他是德撒在巴黎街头收留的流浪儿，在埃及和奥国战役中一直在法军中作战。

当军队站住时，拿破仑朝小鼓手高喊着："击退兵鼓!"

这个孩子却一动没动。

"小流浪汉，击退兵鼓!"

小鼓手拿着鼓槌向前走了几步，大声说道："大人，我不知道怎么击退兵鼓，德撒将军从来没有教过我。但是我会击进军鼓！是的，我可以敲进军鼓，敲得让死人都排起队来。我在金字塔敲过它，在泰泊河敲过它，在罗地桥也敲过。大人，在这里我可以也敲进军鼓吗？”

拿破仑无可奈何地转向德撒：“我们吃败仗了，现在可怎么办呢？”

“怎么办？打败他们！要赢得胜利还来得及。来，鼓手，敲进军鼓，像在泰泊和罗地那样敲吧！”

不一会儿，队伍随着德撒的剑光，随着小鼓手猛烈的鼓声，向奥地利军队横扫而去，他们不惜流血牺牲，把敌人打得一退再退。德撒在敌人的子弹中倒下了，但是队伍并没有动摇。当炮火消散时，人们看到那个小鼓手走在队伍的最前面，他笔直地前进，仍旧敲着激昂的进军鼓。他越过死人和伤员，越过营垒和战壕；他的脚步从容不迫，鼓声激昂有力，他以自己勇敢无畏的精神开辟了胜利的道路。

勇敢是美德，但勇敢并不是天生的，它是训练与培养的结果。一个人如果养成了浩然正气，虽面对大敌千万也敢独往。

勇敢可以成为一种习惯，当人生遇到难过的“高坎”时，是击“进军鼓”还是击“退军鼓”？这时，你的习惯会帮你决定。

爸爸，你别动，我不会射偏的……

好像你在流汗哩，你可要勇敢些啊！

早安，朋友

威甘德登上了南行的“151”号公共汽车，凭窗而望，芝加哥的冬日景色实在一无是处——树木枯萎，融雪遍地，汽车溅洒着污水泥浆艰难前行。

公共汽车在风景区林肯公园里行驶了几公里，可是谁都没有朝窗外看。乘客们穿着厚厚的衣服挤在车上，全都被单调的引擎声和车厢里闷热的空气弄得昏昏欲睡。

谁都没有做声。这是在芝加哥搭车上班的不成文规矩之一。威甘德每天碰到的大都是这些人，大家都宁愿躲在自己的报纸后面。此举所象征的意义非常明显：大家在利用几张薄薄的报纸来保持距离。

公共汽车驶近密歇尔大道一排闪闪发光的摩天大厦时，一个声音突然响起：“注意！注意！”

报纸刷刷作响，人们一起伸长了脖子。

“我是你们的司机。”

车厢内鸦雀无声，人人都瞧着司机的后脑勺，他的声音似乎很有威严。

“请你们全都把报纸放下。”

报纸慢慢地放了下来。司机等待着乘客们把报纸折好，放在大腿上。

“现在，请转一下头，面对坐在你旁边的那个人。转啊！”

使人惊奇的是，乘客们全都这样做了，但是，仍然没有一个人露出一丝表情。他们只是盲目地服从。

威甘德面对着一个年龄较大的妇人，她的头用红围巾包得紧紧的。威甘德几乎每天乘车都看见她，但从来没打过招呼。他们彼此对视，目不转睛地等候司机的下一个命令。

“现在跟着我说……”那是一道用军队教官的语气喊出的命令——“早安，朋友！”

人们的声音很轻，很不自然。对其中许多人来说，这是今天第一次开口说话。可是，他们像小学生那样，齐声对身旁的陌生人说了这几个字。

大家都情不自禁地微微笑了，他们突然大松了一口气，知道不是被绑架或抢劫。而且，人们还隐约地意识到，以往他们怕难为情，连普通礼貌也不讲，现在这腼腆之情一扫而去，彼此间的界限消除了。“早安，朋友。”这句话说起来一点儿也不困难。有些人随着又说了一遍，有些人还彼此握了一下手。

随后，许多人都大笑起来。

司机没有再说什么，他已无须多说。没有一个人再拿起报纸，车厢里一片谈话声，你一言，我一语，热闹非凡。后来，大家听到了欢笑声，这是以前从未听到过的热情洋溢的声音。

人与人的隔膜，往往只是一张薄薄的“纸”，但基于各种原因，就是没有人来捅破它。于是大家天天在一起，却永远彼此陌生。

把遮着脸的报纸放下，把遮着心的顾虑和矜持撕碎，与陌生人说一声“你好”，世界马上就变得温馨起来。

韦恩的魅力

韦恩是罗宾见到的最受欢迎的人士之一。一天晚上，罗宾参加一个小型社交活动，碰巧发现韦恩和一个漂亮女孩正坐在一个角落里交谈。出于好奇，罗宾远远地观察了一段时间，发现那个年轻女士一直在说话，而韦恩只是偶尔笑一笑，有时赞许地点点头，有时发一声感叹。几小时后，他们起身，谢过主人后相伴离开。

第二天，罗宾见到韦恩时禁不住问道："昨天晚上，我在斯旺森家看见你和一个迷人的女孩在一起，她好像和你谈得很高兴，很投入。你是用什么魅力吸引了她?"

"很简单，"韦恩说，"斯旺森太太把乔安小姐介绍给我，我对她说，你的皮肤晒得真漂亮，你去过哪里？普罗旺斯还是夏威夷?"

"夏威夷，她说。夏威夷永远都风景如画，你能把一切都告诉我吗？我说。当然，她回答。于是，我们就找了一个安静的角落，接下来的两个小时她一直在谈夏威夷。"

"今天早晨乔安打电话给我，说她很喜欢和我在一起，她希望再见到我，因为我是最好的谈伴。"

看出韦恩受欢迎的秘诀了吗？韦恩和别人交往没有什么特别的法宝，只是习惯让别人谈自己，而他就只管密切关注着对方的讲话——仅此而已。

自以为聪明的人，让别人听自己说话；真正聪明的人，让自己听别人说话。

交际的最佳方式是——真诚地看着对方的眼睛，专注地倾听。

5 分钟造就一生

卡尔·华尔德曾经是美国近代诗人、小说家和出色的钢琴家爱尔斯金的钢琴教师。有一天，卡尔给爱尔斯金教课的时候，忽然问他："你每天总共要练习多长时间钢琴？"

爱尔斯金说："大约三四个小时。"

"你每次练习间隔的时间都很长对吗？"

"我想是这样，每次差不多一个小时，至少也是半个小时以上。我觉得这样才好。"

"不，不要这样！"卡尔说，"你将来长大以后，每天不会有很长的空闲时间。你应该养成一种用极少时间练习的习惯，一有空闲就几分钟几分钟地练习。比如在你上学之前，或在午饭之后，或在工作的休息中间，哪怕 5 分钟也去练习一下。把短时间的练习分散在一天里，如此，弹钢琴就成了你日常生活中的一部分了。"

14 岁的爱尔斯金因为听了卡尔的忠告，使自己日后得到了不可估量的益处。

当爱尔斯金在哥伦比亚大学教学的时候，他想兼职从事创作。可是上课、阅卷、交际等事情把他白天和晚上的时间完全占满了。差不多有两个年头，他一字不曾动笔，他一直苦恼的是"没有时间"。

有一天，他突然又想起了卡尔·华尔德先生告诉他的话，于是到了下一个星期，他就重新开始实践"短时间练习法"，只要有 5 分钟左右的空闲，他就坐下来写作，每次 100 字或短短的几行。

出人意料，在那个学期终了的时候，爱尔斯金竟写出了厚厚的一堆手稿。

后来，爱尔斯金用同样积少成多的方法，创作了长篇小说。他的授课工作虽每天都很繁重，但是他每天仍有许多可利用的短暂余暇用来写作和练习钢琴。爱尔斯金惊奇地发现，每天无数个几分钟的时间，足够他完成创作和弹琴两项工作，而且最后都取得了丰硕的成果。

艾力克，趁妈妈化妆的时候，我争取看完 16 版《财经新闻》，你呢，争取完成一幅画，或者写一篇日记。这比站在门口不断地催她要好得多——我们无法知道她到底还需要多长时间。

当“没有时间”成为我们无所作为的借口时，平庸就会伴随我们一生。如果我们总想用一块完整的时间去做一件事，那我们可能永远一事无成。

时间像海滩上的沙粒，要一点一点地抓取，积累很多的时候，我们才知道它的分量。

交换人生

一个体弱的富翁，一个健康的穷汉，两人都相互羡慕对方。富翁为了得到健康，乐意出让他的财富，穷汉为了富有，随时愿意舍弃健康。

一位外科医生发现了人脑的交换方法，富翁赶紧提出和穷汉交换脑袋的想法。这样，富翁会变穷，但能得到健康的身体；穷汉会富有，但将与病魔相伴。

手术终于成功了。穷汉成为有钱的富翁，富翁成了一个健壮的穷汉。

成了穷汉的富翁由于有了强健的体魄，因为他有着成功的意识，渐渐地又积起了财富。可同时，他总是担忧着自己的身体，一感到些微的不适便心惊胆战。由于他总是那样担惊受怕，久而久之，换来的好身体渐渐垮掉了。

变成了富翁的穷汉总算有了钱，但身体孱弱。然而，他总是忘不了自己是个穷人，他不想用换脑得来的钱建立一种新的生活，而是不断地把钱浪费在无用的投资里，不久便挥霍一空，又变成原来的穷汉。由于他无忧无虑，疾病不知不觉消失了，他又像以前那样有了一副健康的体魄。

最后，两人都回到了原来的模样。

要改变世界，必须先改变自己。

我们的生活并非本来如此，只是我们以为它就是如此——人生的情景总是按照你认定的样子出现。

因为我们总是这样，我们就永远无法那样。

你抽烟吗

老师发现四名学生偷着抽烟，就分别叫他们进办公室谈话。

第一个学生进来。

老师问："你抽烟吗？"

学生回答："不抽。从来不抽。"

老师说："那好，吃根薯条吧。"

说着拿出一包炸薯条，取出一根，递给学生。

学生连忙伸出食指和中指夹住。

老师怒斥道："抽了烟竟然还撒谎！回去叫家长！"

第一个学生出去了。一会儿，第二个学生进来。

老师问："你抽烟吗？"

学生回答："不抽。我可以发誓。"

老师说："那好，吃根薯条吧。"

说着取出一根薯条，递给学生。学生用拇指和食指接住。

老师又说："蘸点儿番茄酱吧。"

老师取出一小碟番茄酱，学生蘸了一下，蘸多了，于是轻轻地在碟子边上弹了弹。

老师怒斥道："竟敢对我撒谎！回去叫家长！"

第二个学生出去了。接着，第三个学生进来。

老师问："你抽烟吗？"

学生回答："不抽。真的不抽。"

老师说："那好，吃根薯条吧。"

说着取出一根薯条，递给学生。学生用拇指和食指接住。

老师又说："再蘸点儿番茄酱吧。"

学生蘸了一下，蘸多了，轻轻在碟子边刮了一下。

老师说："好了，没事了。再拿几根给你同学吃吧。"

学生默默地拿了两根，回头边往外走边把薯条夹到耳朵上。

老师怒斥道："敢撒谎！回去叫家长来！"

第三个学生出去了。接着，第四个学生进来。

老师问："你抽烟吗？"

学生回答："不抽。天地作证。"

老师说："那好，吃根薯条吧。"

说着取出一根薯条，递给学生。学生用拇指和食指接住。

老师又说："再蘸点儿番茄酱吧。"

学生蘸了番茄酱，多了，轻轻在碟子边刮了一下。

老师说："好了，没事了。再拿几根给你同学吃吧。"

学生默默地拿了两根，面含得意地走了出去。

老师突然叫道："校长来了！"

学生立即把薯条丢在地上，然后用双脚用力碾碎。

老师怒斥道："大胆！竟敢撒谎。快去叫家长来！"

恶习一旦养成了，就会如影随形，永远无法摆脱。不管你多么善于伪装，习惯却怎么也藏不住自己的尾巴。

好的习惯就像锦上花朵，坏的习惯却如江堤蚁穴。

10秒钟惊险镜头

几年前，德国一家电视台推出一项征集“10秒钟惊险镜头”的活动。在诸多的参赛作品中，一个名叫《卧倒》的“10秒钟惊险镜头”夺得冠军。

这个作品在电视台播出的那天晚上，很多德国人都坐在电视机前观看。10秒钟后，几乎每个人的眼里都满含泪水，足足肃静了10分钟。

镜头画面是这样的：在一个小火车站，一个扳道工正走向自己的岗位，去为一列徐徐而来的火车扳动道岔。在铁轨的那一头，另一列火车正从相反的方向驶近小站。假如他不及时扳道岔，两列火车必定相撞，造成不可估量的损失。

这时，他无意中回了一下头，突然发现自己的儿子正在铁轨的那一端玩耍，而那列开始进站的火车就行驶在这条铁轨上！

抢救儿子还是避免一场灾难——他可以选择的时间太少了！那一刻，他威严地朝儿子高喊了一声：“卧倒！”同时，冲过去扳动了道岔。

一眨眼的工夫，这列火车进入了预定的轨道。

那一边，另一列火车也呼啸而过。车上的旅客不知道，他们的生命曾经千钧一发；他们更不知道，一个小生命正卧倒在铁轨边上——火车轰鸣着驶过去，上帝保佑，他毫发未损。

这惊险的一幕，刚好被一个从此经过的电视记者摄入镜头。

观众猜测，那个扳道工一定是一位非常出色的人。后来人们才知道，他其实只是一个普普通通的工人。许多记者在进一步的采访中了解到，他唯一的优点就是忠于职守，从没迟到、早退、旷工或误工过一秒钟。

这个故事几乎使每个人都感到震惊，而更让人意想不到的是，扳道工的儿子竟然是一个弱智儿童。他告诉记者，他曾无数次和儿子一起玩打仗的游戏，每次他喊“卧倒”的时候，儿子就会高兴地执行这个命令。在生死攸关的那一秒钟，儿子再次奉命“卧倒”，于是避免了一场天灾人祸的事故。

父亲是儿子的第一个老师，也是他终身的老师。要想儿子成为千里马，父亲决不能是一头只会叫唤的笨驴。

在生死一念之间，是习惯让一个智商不高的孩子采取了正确的行动。一个快速“卧倒”使他化险为夷。

习惯决定命运。父亲忠于职守的习惯改变了两列火车上旅客的命运，儿子服从命令的习惯又拯救了自己和父亲的命运。

阅读就是生活

美国作家美格库克指出，培养一个爱好阅读的儿童是有法可循的。就寝前、家庭旅行、特殊节假日都可以利用。课外书中所强调的容忍、分享、交友等道德价值，甚至恐龙、外星人等新奇事物，或是如何体会别人的感觉、心情等，在众多的读物中都可能提供。

从婴儿期就带孩子上图书馆。每个星期或每两个星期带他们去图书馆借一些书回家，然后，在电冰箱上贴一张“书单表”，在那张表上注明孩子喜欢的主题，譬如：昆虫类、海底生物、历史故事等。

为孩子喜欢的作者过生日。选一个小孩最喜爱的作家，在他生日的那天，家长可以仿照书中描述的特殊情景，和孩子一起为作家庆祝生日。

在固定的时间送书给孩子。每个月的某一天，悄悄地将赠书放在孩子的枕头下，有的家长则是在孩子生日时送一套书。家庭旅游时，让孩子带一本心爱的书同行。外出用餐时，也可以带一两本书，让孩子有书可翻。

将阅读化为戏剧表演。全家人一起阅读一本书，每一个人选一个角色，把故事化为戏剧，全家人一起演戏。

把喜欢的材料编成一本书。陪孩子上网或到阅览室收集资料，研究特定的选题，然后将这些资料编成一本书。孩子编写的时候，家长可以帮忙整理，然后和孩子一起修改。

用餐前拿一本书大声朗诵。饭前拿一本轻松幽默的好书，念一段给孩子听，然后顺便告诉他们一些蔬菜和粮食的来历。

从阅读到生活。儿童会很自然地挑自己喜欢的阅读内容，比如你的孩子是棒球迷，你就不妨买一些棒球人物卡，让他多了解他喜欢的棒球明星。然后，你可以介绍市面上有关棒球方面的杂志，让他的阅读面越来越广。此外，你可以想办法让孩子亲自尝试一下打棒球的乐趣。

背诵诗歌。孩子都喜欢有韵律的诗歌，所以在用餐时，或是就寝前，不妨念一首诗给孩子听。或是趁着旅行的雅兴，写一首诗记录行程中的种种趣事，由全家人一起朗诵。

成立家庭读书会。由家长和孩子成立读书会，请附近的孩子和家长一起参加。最好和孩子一起选择适合他们的书籍，尊重他们的选择。聚会时可以朗诵，也可以讨论，要鼓励孩子发表意见。

特殊节日阅读相关的书籍。在一些重要的节庆日，选一些和这个节日有关的书和孩子们一起阅读。

定期到书店购书。固定每个月带孩子到书店选购一本他喜欢的书，或是就在书店里把书看完。

与书一起生活。有些书可以一边看一边操作，譬如，看过书中有关糕点制作的描述后，很多小孩都会非常感兴趣，家长可按书中所述，一步步完成制作，孩子在品尝香甜点心之余，一定会回味无穷。同样，书中教导如何待人接物的细节，如果家长能选择性地指导孩子在生活中加以运用，孩子自然获益多多，印象深刻。

阅读是伴随人一生的活动，一个人心灵的成长史，差不多就是他的阅读史。

人生起于阅读，终于阅读，因为，阅读并非仅指读书，它更是指品阅生活。

我们常说“读万卷书，行万里路”，前者指阅书，后者指阅世。阅书是为了阅世，会阅书者更会阅世。

玛丽娅的寻找

有一回，玛丽娅把车停在佛蒙特州南部的森林里，附近的一位农夫倒车时不小心将他的汽车撞瘪了一块，而玛丽娅当时不在现场。当她回来取车时，发现车窗上贴着一张纸条，上面工工整整地写着一行字："我们等着您。"下面是一个电话号码。

后来她在农夫家的饭厅里同他本人见面了，当她对农夫主动承担责任的精神表示感谢时，对方平淡地回答说："这是我们做事的习惯。"他的妻子则微笑着在旁边用围裙擦着手，也附和着丈夫这样说。

许多年过去了，玛丽娅始终记着这个场面和这句话。这对正直、体贴人的农家夫妇现在生活得好吗？她决定再次拜访他们的农舍。

带着自家烘制的馅饼，玛丽娅驾驶着汽车朝佛蒙特州的南部驶去。一路上她使劲地搜索着记忆中的小屋。停下车，她向人们描绘着记忆中的农场——低矮的苹果林边有一个石头砌成的谷仓，大片的向日葵地，屋前的花坛里种着太阳花、瓜叶菊和毛地黄……路人笑着对她说："我们这个州有三分之一的农场类似这样，小姐，除非你能说出姓名。"

可玛丽娅说不出他们的名字。

"许多人都会这样干的。真的，这是我们做事的习惯。"一个正用干草喂着一群比利时栗色马的老妇人，听她复述往事后这样说。

几个小时后，玛丽娅把车开进了野餐区，这里有清澈的小溪，四周种植着大片凤梨树，可她却为这次重返旧地一无所获而心情不佳。

“对不起，小姐，我想不得不打搅你一下。”一对陌生人过来，他们正为自己的车钥匙被锁进了汽车而不知所措。

“我可以替他们打电话请来锁匠，或许让他们搭我的车回城……”玛丽娅想。于是她请他们上了车，一路向城里开去。那位夫人向她介绍说，她丈夫是个植物学家，他们正一路旅行去北方收集蕨类植物。

他们终于把锁匠从城里带回了野餐营地。锁匠工作时，玛丽娅则和他们夫妇在露天餐桌边坐下共同分享她带来的馅饼。植物学家兴奋地说：“你真好，没有你的帮助我们真不知怎么办。”玛丽娅调皮地笑着回答：“这是我们做事的习惯。”接着就把当年的故事告诉了他们，并倾诉了此次寻找无着的懊恼。

教授的夫人听了她的话，甜甜地说：“寻找？你已经寻找到这里的‘习惯’啦。”

世间有许多美好的事物，需要我们用心去寻找。寻找美好事物的过程，就是一个人自我完美的过程。

好的习惯会慢慢变成美德，当习惯成为一种美德的时候，它就会像风一样让每一棵树跟着它一起和谐地摇动。

处世

和谐通达的艺术

HARVARD FAMILY INSTRUCTION

两个朋友

陶壶和铁壶是一对朋友，它们生活在一家乡村农舍里。

陶壶是主人装水用的，铁壶则是用来装未燃尽的木炭。有一天它们都闲着没事干，铁壶对陶壶说：“我们总是待在屋里，不如结伴去旅行一次吧！”

陶壶不知道铁壶为什么会忽然发出这个邀请，它想了想：可能是因为我和它形状相似吧。可是，我们俩的质地大不一样，旅游对我来说还是有点危险。

思考再三，陶壶还是委婉地谢绝了，因为它知道，老老实实地待在炉火旁才是自己最明智的选择。对自己来讲，哪怕稍有一点磕碰，就可能粉身碎骨。

陶壶说：“你比我硬朗得多，没有什么能使你受伤。而我就不行了，你的好意我心领了，还是你自己去旅游吧。”

“我可以保护你，”铁壶说，“假如有什么硬东西要撞到你，我可以将你们隔开，我一定会好好照顾你的。”

陶壶觉得铁壶说得有道理，就同意与铁壶结伴上路。

它们一瘸一拐地在路上行走，来到一段坎坷地带，铁壶不小心身子一歪，就和陶壶撞到了一起。陶壶还没来得及叫喊，就被它的保护者撞成了一堆碎片。

交什么样的朋友，取决于你自己；而你的命运，却取决于你交了什么样的朋友。

不合时宜的感激

布克和妻子住在维蒙特州林肯小镇的一幢百年旧农舍里，他们是在1966年的万圣节才从布鲁克林区搬到这里来的，而当地大多数居民很久以前就在这里定居了。

他们虽不是本地人，但别人也没有把他们当做外人。布克初来时只有三件工具（包括一个卷尺在内）和一本修建住房的说明书，要不是邻居们的帮助，他们连农舍也不会翻修，那么他们连第一个冬天也挨不过。

在邻居的耐心指导下，布克慢慢学会了砍柴、堆柴以及晾晒干柴，以便在寒冷时取暖，学会了怎样把灰泥抹在墙砖上，使它像胶水一样牢固，他甚至还学会了打猎的本领。然而，最让他感到为难的是，他不知道怎样向邻居们表达感激。

有一年冬天，下了很久的大雪，四处的道路都被白雪覆盖着，可是布克每天清晨起来时，却看到自己门前的车道上片雪不留。开始他以为是小镇上专门有人负责打扫道路，后来才知道，天天替他扫雪的人是邻居雷门。

他非常过意不去，于是布克决定要付钱给雷门。

布克打电话问雷门："你替我扫雪，我该付你多少钱？"雷门踌躇了好一会儿，说："你不必付我钱，因为我做的事微不足道。"布克告诉他："你使我省了至少50小时腰酸背痛的劳累。"雷门说："我并没花那么多的工夫。"

布克还想跟雷门争论下去，他说，为他服务一定得付钱，并问雷门75美元够不够。可是那边的雷门只冷冰冰地说了一句“不用了”就挂断电话。从雷门冰冷的声调听起来，布克知道自己得罪了他。

布克仿佛明白这不是钱的问题，于是又打电话问雷门有什么事情可以让他帮忙去做，布克说他刚学会了怎样使用铁锤干活。可是雷门说，他目前没什么可做的。这句话伤害了布克的自尊心，但他不知道，他对雷门伤害得更重。

后来雷门再见布克时，就不像从前那样热情了，有时还故意躲开他。布克深信自己得罪了雷门，于是问妻子有什么好的主意。妻子说：“放心吧。”

到了下个周末，布克的妻子做了四公斤咖啡碎屑冰激凌，她让布克和她一起将这些东西送给雷门和他太太，她说自己一下子做了很多，只好请他们帮忙吃。雷门和他的太太高兴地接受了，他感谢了布克，临送他出门时，雷门说，他想在院子四周栽一些围栏，要是布克有空，他希望能帮帮他。

布克激动得脸都发红了，他欣然表示乐意，还炫耀地说：“我会把我的铁锤也带来的。”

友情需要报答，但不需要偿还；友情需要报以友情，而不能报以金钱。

友情是你最需要时得到的东西，所以你也要在别人最需要时给予他们。

友情是随意的，人情是刻意的。我们会被友情温暖，但可能会被人情伤害。

松鼠的结局

有一天，狼突然生病了，小动物们知道后纷纷赶来探望。

松鼠第一个赶到狼跟前，并带来了很多礼物。

狼很高兴，对随后赶到的动物们说："松鼠是我的第一大忠臣，大家都有目共睹，今后，你们都要向它学习。"

"是，尊敬的大王。"动物们虽然对势利的松鼠不满，但慑于狼的威风，都对它敢怒而不敢言。

"尊敬的狼王，兔子早就对你怀有二心，你看，到现在它还没来看你呢！"松鼠开始搬弄是非。

正在这时，兔子赶到了，狼立即对兔子怒吼起来。

"尊敬的大王，我之所以来迟了，是因为我听到你生病的消息后，便急着四处寻医问药，想找到一个良方为你治病。"兔子为自己辩解道。

"这么说你对我倒也是忠心耿耿。快把良方献出来吧。"狼转怒为喜。

"大王，这是我从人类那里得来的一个秘方。"兔子说。

"快，快献出来！"狼乐得手舞足蹈。

"秘方里说，要治好大王的病，就必须剥下一只松鼠的皮，趁皮还热乎乎的时候贴在你的胸口上，大王的病马上就会好起来。"

松鼠立即被众兽捉住，它的皮很快就贴到了狼的身上。

为别人挖掘陷阱，最后总是自己掉进去。

人不可无防人之意，但绝不要有害人之心。

路过小镇的陌生人

一个老人静静地坐在小镇外的马路边。

一位陌生人开车来到这个小镇，看到老人，他停下车打开车门问道："先生，请问这个小镇叫什么名字？住在这里的人怎样啊？"

"这与你有什么关系吗？"

"当然有，"来人一边脱下帽子扇风一边说，"因为我正在寻找新的居住地！"

老人抬头看了一眼陌生人，回答说："你能告诉我，你原来居住在那个小镇的人怎么样呢？"

陌生人说："原来那个镇里都是一些毫无修养、自私自利的人。住在那里简直无法忍受，根本无快乐可言，这正是我想离开那里的原因。"

听了这话，老人说："先生，恐怕你又要失望了，这个镇上的人和你说的那些人完全一样。"

陌生人怏怏地驱车离开了。

过了一段时间，另外一位陌生人来到这个镇上，他也向老人提出了同样的问题："住在这个镇里的人怎么样啊？"

老人也用同样的问题反问他："你先告诉我，你原来那个镇上的人怎么样呢？"

陌生人回答说："哦！住在那里的人非常友好，非常善良。我和家人在那里度过了一段美好的时光，但是，因为工作的原因，我不得不和那里告别，但我希望能找到一个和从前一样好的小镇。”

老人说：“你很幸运，年轻人，居住在这里的人都是跟你们那里完全一样的人，你将会喜欢他们，他们也会喜欢你的。”于是这个人快乐地在这个小镇安了家。

“爸爸妈妈，我告诉你们一个消息：我辞职了，我准备找一家更好的公司。”

“世界上没有更好的公司，只有更好的人。你明白这个道理吗？”

世人就是自己的镜子。如果周围的人都不好，你自己身上一定有导致他们让你觉得不好的原因。你认为别人如何，别人差不多也就是这样看待你。

老虎的阴谋

从前，在靠近原始森林的一个牧场上，生活着3头肥壮的公牛。它们形影不离，总是在一起吃草，一起到河边喝水。

有一只老虎早就对这3头公牛垂涎三尺了，但它始终没有下手的机会，因为它发现这3头公牛十分团结。于是狡猾的老虎想出了一个主意：先离间它们的感情，然后再一个个地对付。

一天，一头公牛正在森林边缘吃草，老虎慢慢地走上前说："朋友，听着！你要留心你的两个伙伴，我听说，它俩为了霸占草地，想干掉你。你瞧，它俩正在窃窃私语哩。"

这个公牛转过它的大脑袋，果然看见两个伙伴的头靠在一起。打那以后，这头公牛和自己的伙伴离得愈来愈远了。

几天以后，老虎又用同样的诡计，在第二头公牛面前搬弄是非。结果，那头公牛也相信了它的挑拨。

就这样，过去曾经亲密无间的3头公牛，现在却视同陌路，相互不予理睬。去小河喝水的时间也错开了，甚至连晚上睡觉时，也彼此离得远远的。

老虎的计谋终于得逞，它高兴极了。有一天，老虎突然从密林中奔出来，扑向一头公牛，咬断了它的脖子。而另外两头在远处吃草的公牛眼睁睁地望着老虎吞食了同伴，却坐视不理，心里还想着那是它应得的报应。

第二天，老虎吃掉了另一头公牛。

第三天，最后一头公牛也成了老虎口中的美食。

不明辨是非，容易被怂恿和挑拨，这样的人往往被他人左右，成为无辜的牺牲品。

如果一个人无缘无故地向你攻击他人，那么，你首先要防范的就是这个人。

空空的马车声

一个春日的午后，父亲与儿子一起到林间漫步。这是一个美丽而安静的日子，温暖的阳光洒在他们的身上，许多小鸟儿在枝头雀跃。

在一个弯道处，父亲忽然停了下来。他望着自己的儿子，在短暂的沉默之后，他问道："你听到了什么声音吗？"

儿子仔细地听了听，回答说："我听到了鸟儿的叫声。"

"除了小鸟的歌唱之外，你还听到了什么声音？"父亲又问孩子。

儿子侧耳倾听，笑着说："还有马车的声音！"

"是的，是一辆马车，不过，它是一辆空马车。"父亲若有所思地说。

儿子非常奇怪，于是问他："没有看见马车，您是怎么知道那是一辆空马车呢？"

父亲答道："从声音就能轻易地分辨出马车是空的还是满的。马车越空，发出的噪音就越大。"

儿子若有所思，父亲又接着说："就像我们身边的有些人，胸中没有多少知识和涵养，却总是口若悬河，滔滔不绝。而那些真正有见识的人，却从来不自夸炫耀。"

儿子记住了父亲的话，每当看到那些口若悬河、喜欢粗暴地打断别人的人，或者目空一切、肆意贬损他人的人，他的耳边就响起了父亲的那句话："马车越空，噪音就越大。"

小溪总在发出"哗哗"的声音，而大海却很宁静，因为博大不需要喧哗。

人不难学会善辩，却难得学会沉默。

得意的戏剧家

著名的戏剧家普契尼偷偷到剧院看他的新歌剧《托斯卡》上演。他注意到观众对该剧赞誉很高，于是十分得意。

“您为什么不鼓掌？您不喜欢这个戏吗？”邻座一位陌生妇女中途向他问道。

“哦，不太喜欢。”普契尼答道。他对自己的这个际遇觉得很有趣，于是又调侃地说：“戏中有些地方交待得似乎不够清楚。”

“那有什么关系，作者有权创新！”妇人反驳道。

“可能是这样吧……不过最坏的是他的模仿，您没有听出有些曲调是受威尔第的影响吗？”

“这只不过是继承意大利的传统。”妇人不服地说。

“我并不这样认为。如果您真的懂一点歌剧的话，您会发现，合唱太拖拉了，它应该更紧凑生动一些。”

“您真的这样认为吗？”

“当然。”普契尼面带戏谑和不屑地说。

第二天，普契尼打开报纸，一个标题映入眼帘：《普契尼关于“托斯卡”的谈话》。使他大吃一惊的是，文章把他开玩笑说的有关此剧的种种“缺点”几乎只字不漏地刊登出来。

他万万没想到，那晚坐在他身旁的妇女，竟然是米兰最畅销报纸的评论家。

人可以高兴，但千万不要得意。得意让人轻狂，让人失去理性和分寸。得意不仅降低自己，而且还刺伤别人。所以，得意的结果必然招致非议和自辱。

200万美金一句话

韩国某财团研究决定，向获得诺贝尔和平奖的金大中总统献一份礼物。可究竟献一份什么样的礼物才好呢？他们想起一句老话：赠人以良言，胜于赠人以珠宝。于是，他们最终拿定主意，不惜花重金购买美国民主制度的经验，以此为厚礼，献给金大中总统。

英国剑桥大学的纽纳姆学院，在总统的研究方面具有很高的知名度，于是韩国财团便把这一课题交给他们。

纽纳姆学院接受这一课题之后，在卷帙浩繁的资料中追根溯源，从美国当代的民主制度一直研究到美国第一任总统华盛顿的民主建国思想。在研究华盛顿民主建国思想的来源时，他们追溯到了“一棵苹果树”的故事。

华盛顿14岁的时候，在自家的后院栽了一棵苹果树。他父亲见到后对他说：“你若想将来吃到苹果，就应该把它种在有阳光的地方，并且不断地给它浇水施肥。”在转身离开的时候，父亲又加了一句：“如果你帮助别人得到他想要的，你就能得到你想要的。”

纽纳姆学院的研究结论强调指出：史料上明确记载，华盛顿在1787年费城立宪大会上，曾反复使用了他父亲当时说过的这句话，正是这句话，影响了华盛顿一生的奋斗方向，促进了美国民主制度的诞生——这句话正是美国民主制度完善经验的精华和核心。

韩国某财团向纽纳姆学院支付了 200 万美元，买下了苹果树下的这句话“如果你帮助别人得到他想要的，你就能得到一切你想要的”，并将它赠送给金大中总统。

这一消息在韩国披露后反响热烈，得到了有识之士的高度评价。他们认为，这 200 万美元物有所值，这句话对进一步发展和完善韩国的民主具有重要的指导推动作用。更没有想到的是，不少国民竟然自动捐款给贡献这项研究成果的财团，使他们的股票直线上升。

从此，韩国财团花 200 万美元买来的这句话，成为家喻户晓人人皆知的名言，成为许多韩国人指导自己生活的行为准则。

当年，我给了你妈妈一支棒棒糖，那时我 7 岁，她 3 岁。20 年后，她就来到我们家，每天都给我做很多好吃的甜点。

100%的人都想得到。其中，99%的人希望自己得到，而别人不得到；只有 1%的人愿意让别人先得到，然后自己得到。

先让别人得到的人，自己得到了很多；不让别人得到的人，自己也什么都得不到。

飞散的羽毛

圣菲利普是16世纪深受人们爱戴的罗马牧师，富人和穷人追随着他，贵族和平民也都喜欢他，这一切都是因为他的善解人意。

有一次，一位年轻的女孩来到他面前倾诉自己的苦恼。圣菲利普明白了女孩的缺点，其实她心地不坏，只是爱对别人说三道四，传播无聊的闲话，给许多人造成伤害。

圣菲利普说："你不应该背后议论他人，你要为此赎罪。我这里有一包鸟的羽毛，你将它们撒在你走过的路上，直到撒完为止。"女孩遵照牧师的吩咐将羽毛一路从城里撒到城外，然后她回去找圣菲利普。

圣菲利普说："你已完成了赎罪的第一部分，现在要完成第二部分：你必须回到你来的路上，捡起所有撒下去的羽毛。"

女孩又回去了，可是她没有捡到一片羽毛，因为风已经把它们吹得无影无踪。她再次来到圣菲利普面前，将实际情形告诉了他。

"没错，我的孩子。那些你不假思索脱口而出的愚蠢的谣言，不正像那些撒出去的羽毛吗？你当时可能只是随便说说而已，但它们却会迅速传到各处，等你后悔时，却再也收不回来了。"

女孩说："我可以得到拯救吗？"

"可以，当你再想说别人坏话时，就闭紧你的嘴，不要让这些邪恶的羽毛散落任何地方。"

话语是无形的箭，射出去就再也收不回来。

不要随便褒贬他人，因为人是复杂的，一般来说，任何评价都难得恰如其分。不恰当的评价，要么使别人难堪，要么让自己难堪。

狐狸与鹤的晚宴

有一天，狐狸送了一张请帖给鹤：“晚上请来舍下用餐。”

“哇！真罕见！狐狸先生竟然会请我吃饭。它会准备什么佳肴招待我呢?”

鹤很高兴地前去狐狸的家。“呀！鹤先生，欢迎！欢迎！请坐,不要客气哦！”狐狸的佳肴原来是放在一个大平盘里的肉汤。

“我最喜欢喝汤啦！谢谢你呀!”鹤说。

鹤很想喝汤，可是，因为自己长着一个长嘴巴，所以费了好大的劲儿，也只能闻到味道而已。盘内的汤一滴也喝不到。

可是狐狸却叽里咕噜地一下子就把汤喝完了，而且嗤嗤地笑着，觉得很有趣。

“真不够意思，你在捉弄我!”鹤恨恨地回家去了。

不久，鹤也送了一张邀请函给狐狸：“晚上宴客，请你一定要来哦!”

狐狸是个贪吃鬼。“是什么样的食物在等我呢?”狐狸暗暗地想着，高高兴兴地到了鹤的家。

“狐狸先生，欢迎！欢迎！别客气，尽管用吧!”

鹤拿出来的也是肉汤？不过，它们装在细颈水瓶里!

“谢谢！你知道我最喜欢喝肉汤了。”狐狸将嘴伸进瓶口，可是怎么喝也喝不到一口汤，只能闻到鲜美的味道。

鹤则将长嘴巴轻轻松松地伸进瓶底，津津有味地喝着。

狐狸肚子饿坏了，眼前的美食却一口也吃不到。

捉弄别人获得的快乐，远远不能抵消被别人捉弄所带来的痛苦。

恶作剧起初都没有恶意，但弄不好却会带来意想不到的恶果。

99只发卡

国王有七个女儿，七位美丽的公主是国王的骄傲。她们都有一头乌黑亮丽的长发，所以国王送给她们每人100只漂亮的发卡。

有一天早上，大公主醒来，一如往常地用发卡整理她的秀发，却发现少了一只发卡，于是偷偷地到二公主的房里，拿走了一只发卡；二公主发现少了一只发卡，便到三公主房里拿走一只发卡；三公主发现少了一只发卡，又偷偷地拿走四公主的一只发卡；四公主如法炮制拿走了五公主的，五公主拿走六公主的，六公主只好拿走七公主的……于是，七公主的发卡只剩下了99只。

不久，邻国一位英俊的王子忽然来到皇宫，他对国王说："前几天，我养的百灵鸟叼回了一只发卡，我想这一定是属于您家哪位公主的。这是一种奇妙的缘分，我希望能亲自把这只发卡还给她。"

公主们听了王子的话，都恨不得大声说："是我掉的！是我掉的！"可是她们头上明明完整地别着100只发卡，于是她们都懊恼不已。只有七公主走出来羞涩地说："我掉了一只发卡……"话才说完，一头乌亮的长发因为少了一只发卡而全部披散下来。令人惊艳的美丽，让王子一见钟情。

故事的结局谁都想得出来：王子与公主从此一起过着幸福快乐的日子。

处心积虑，适得其反；机关算尽，反倒成空。

最高明的生活策略是：安心地得到，安心地失去。

杯注满了就会溢出，花盛开了就会凋谢。生活里，不完美才是最完美。

带上一句话上路

一个父亲对将要远走高飞的儿子说了以下这些话：

你要远行了，孩子，将有一生的岁月等你去走。我要送你一句话带在身边——快乐是一种美德。

要保持快乐，孩子，这是我们穷人最后的奢侈。不要轻易丢掉快乐的习惯，否则我们将更加一无所有。保持快乐，这是人类和自然、和灾难、和一切痛苦作战的最锐利的武器。

你要快乐，在每一个清晨或傍晚。你要学会倾听万物的语言，你要试着与你身边的河流、山川、大地交谈。在你走过的每一个地方和每一天，你都要留下你的笑声作为纪念。多年以后，当人们再谈起你时，他们会记得，当年曾有一个多么快乐的小伙子从他们的生活中悠然走过。

快乐是一种美德。无论你背着多少行李，你也不要把它扔到路边的沟里。即使你的鞋子掉了，脚上磨出了血，你也要紧紧地攥着快乐，不要和它离开半天。

快乐是一种美德。孩子，这是因为快乐能够感染他人。你要把你的快乐传给你身边的每个人，无论他是田野里的农夫还是卧榻上的病人，无论他是赤脚的孩子还是为柴米发愁的母亲，你都要把快乐传给他们，让他们像鲜花一样绽开笑容。

孩子，在你经过的每个村庄，人们都像亲人一样款待你，他们给你甘甜的泉水，给你的行囊里塞满干粮，你就还给他们快乐吧！快乐是一种美德，它能让你在人们的心中永存。

生活可能是很艰难的，也许会比你想象的要艰难一万倍。但无论生活给了你什么样的命运，无论你落进了怎样麻烦的困境，你都要满怀希望，都要努力使自己快乐！

不是生活得好才快乐，而是快乐才生活得好！

得寸进尺的骆驼

一个寒冬的夜晚，有位阿拉伯人正坐在自己的帐篷中，外面是呼啸的寒风。一会儿，门帘被轻轻地撩了起来，原来是他的那头骆驼，它正在外面朝帐篷里面观望。

阿拉伯人很和蔼地问它："你有什么事吗?"

骆驼说："主人啊，外面太冷，我冻得受不了。我想把头伸到帐篷里暖和暖和，可以吗?"

仁慈的阿拉伯人说："没问题。"

骆驼就把它的头伸到帐篷里来了。过了不久，骆驼又恳求道："让我把脖子也伸进来，可以吗?"

阿拉伯人想，反正脖子也占不了多少地方，于是又答应了它的请求。

骆驼把脖子伸进了帐篷，但它的身体还在外面。它不断地将头摇来摇去，弄得阿拉伯人一刻也不能安静。

见阿拉伯人没有反应，骆驼就大着胆子说："这样站着很不舒服，如果我把前腿放进帐篷，也不过只占用一点地方，但我会更舒服一些。"

阿拉伯人说："既然如此，你就把前腿也放进来吧。"阿拉伯人挪动一下身子，为骆驼腾出了一片地方，因为帐篷实在很小。

不一会儿，骆驼又摇晃着身体开始说话了："我这样站在帐篷门口，外面的寒风刮进来，你和我一起受冻。我看倒不如让我整个儿站到里面来，我们都可以暖和了!"

帐篷太小，要容纳一人一驼是不可能的。但是，主人非常善良，对待骆驼就好像对待自己一样。他说："虽然地方小了点，不过你可以站到里面来试一试。"

骆驼进来了，它的身子几乎把帐篷顶倒了。

只待了一刻工夫，骆驼就烦躁起来了，它昂着头说："这个帐篷真的太小了，它无法容下我们两个人。我看，你最好站到外面去吧!"

骆驼说着，就一脚踢到主人身上，这个阿拉伯人打了一个趔趄，就被摔到帐篷外面去了。

"休斯太太，你怎么忍心让儿子坐在那里哭闹?"

"别理他，尼尔斯只是为了引起别人的注意而已。如果你去抱他，他准会向你吐口水。"

做人要善良，但你的善良一定要送给同样善良的人。没有原则的善良，终会给自己招来祸患。

得寸进尺的人是危险的，因为贪婪，他们无法停止欲望的脚步。

警官、匪徒和翻译

一名墨西哥匪徒抢劫了得克萨斯州的一家银行。

几天后，抢匪被一名美国警官在闹市中抓住。

这位警官不会讲西班牙语，而匪徒不会讲英语。

一位过路的墨西哥人被请来当翻译。

警官把枪顶在墨西哥匪徒的头上，对翻译说："问他是不是叫钢泽拉斯?"

翻译回答道："他说，是的，他是钢泽拉斯。"

"问他是不是曾去过得克萨斯的第一国家银行。"

翻译说道："他说，是的。他承认他曾抢劫了这家银行。"

警官把枪顶得更紧了："现在告诉他，如果他不说出钱藏在哪儿，我就要扣动扳机了。"

匪徒不住地流着汗，他用西班牙语狂噪地叫道："别开枪！我还有妻子和4个孩子！钱就藏在我家后院的井里!"

翻译听完匪徒的话，转过身对警官说："他说，你是个混蛋！你不敢！来吧，开枪吧!"

警官开枪了。直到几年后，他才知道当年的失误。

如果自己无法把握，就不要轻易相信别人。

养狮人的悲剧

一个人捡到一只幼狮，便抱回家喂养。他对它无微不至，给它喂食，给它梳毛，给它洗澡。

狮子在他的怀抱中渐渐长大，即使长成一只威猛的雄狮，对他也温顺得如一条小狗。

有一天他突发奇想：骑着狮子旅游。他和狮子一起踏上了旅程，一路上狮子很听话，平稳地驮着他，所到之处人们对他夹道喝彩，他显得神气活现。

路上有人问他："狮子不会吃你吗?"

他说："怎么可能呢！我从小把它养大，知道它的性情。"

路上有条狗问狮子："你怎么不吃他?"

狮子说："那怎么可能呢！他是我的恩人。"

他们穿过一片沙漠，不幸遇到了狂风，水和食物都被卷走。他在痛心之时不忘去安慰狮子："忍着点儿，小家伙，等过了沙漠，我让你饱餐一顿。"担心狮子受累，他甚至跳下来步行。

一天过去了，狮子饿得围着他打转；两天过去了，狮子饿得舔他的手脚；三天过去了，狮子对他开始轻轻地撕咬；四天过去了，狮子向他龇起了牙齿；第五天，饥饿的狮子向他瞪起了血红的眼睛……在他正要上前抚摸它时，狮子奋力一纵将他扑倒，瞬间把他撕成了碎片。

至死他都不明白，狮子怎么会吃了他呢?

饱餐后的狮子也大惑不解，我怎么会吃他呢?

狮子现在不吃人，并不能保证它永远不吃人——因为凶残是它的本性。

有的人现在对你忠诚，但不表明他永远对你忠诚——如果他本来就不是一个忠诚的人，总有一天他会背叛。

狮子的温顺和奸佞之徒的忠诚都是有限度的，饥饿和危险会使他们露出本来面目。

巴勒斯坦的两片海

巴勒斯坦有两片海。

一片是加利利海，鱼儿在海里畅游，漂亮的水花点缀着海岸，海边的树木枝繁叶茂，到处鸟语花香。

约旦河用山间亮晶晶的溪流造就了这片海。于是海水在阳光下欢歌，人们在海边建造房屋，鸟儿在海边筑巢，所有的生命都因为这片海的存在而变得美丽鲜活。

约旦河继续向南，流进了另一片海。

这里没有游动的鱼儿，没有飘舞的树叶，没有婉转的鸟鸣，没有孩子的欢笑。水上空气凝重，不管是人还是飞禽走兽都不喝这里的水。

两片海相距不远，为什么差别竟如此之大？不能怪约旦河，注入两片海里的约旦河水是一样的；也不能怪海水下的土壤，或者海边的乡村，它们都是一样的。

区别在于，加利利海接纳了约旦河水，但它没有把河水一滴不放地留给自己。约旦河每流进一滴水，加利利海就流出一滴水，接受和付出以同样的速度在进行。

另一片海则不同，它把河水储存起来，流进来的水再也流不出去。加利利海懂得付出，所以“活”了下来，另一片海丝毫不肯付出，于是就成了“死海”。

这个世界上有两种人，巴勒斯坦有两片海。

我们一无所有地来，然后再一无所有地去。在这个世界上，没有什么是我们的，所以，只有愚蠢的人才试图把一切据为己有。

学会给予和舍弃是需要训练一生的课程。我们给予，不是付出，是偿还；我们舍弃，不是失去，是超越。

琼斯的诱惑

琼斯的妈妈每周为农场主汤普森的小旅店洗一次衣物，报酬是5美元。

一个周六的晚上，琼斯像往常一样去汤普森小店替妈妈领钱，在马厩外，她遇到了这位农场主。显然他正在生气，那些总和他讨价还价的马匹商令他火冒三丈。当琼斯向他要钱时，汤普森顺手打开鼓鼓的钱包，连看都没看她一眼，就伸手将一张钞票递给了她。

琼斯暗暗高兴这次没有被农场主训斥，从前他总是大声责备琼斯又打扰了他，所以，琼斯一拿到钱就急忙跑出来。

走了一段路，琼斯停了下来，准备用小针将钱别在围巾的褶皱里。这时，她发现汤普森给她的不是一张钞票，而是两张！她往四周望了望，发现附近没有人。

“这是我的了。”她为得到这笔意外之财兴奋不已。她想：“我要买一件新斗篷送给妈妈，妈妈就能把她那件旧的送给玛丽，这样，明年冬天玛丽就能同我一块儿去上学了，说不定还可以给弟弟汤姆买双新鞋呢。”

过了一会儿，琼斯又犹豫了：这另外一张钞票显然是汤普森错给的，那么，她根本没有权利拥有它！正当她这样想的时候，一个充满诱惑的声音对她说：“钱是他给你的，你怎么知道这不是他一时冲动把它作为礼物送给你的呢？拿去吧，无论如何他是绝对不会知道的。就算是他弄错了，他大钱包里有那么多钞票，怎么会在乎这区区 5 元钱呢？”

琼斯一边往家走，一边进行着激烈的思想斗争：没有人知道这 5 元钱的来历，没有人会追究它，那么，是留给自己还是还回去？

当她经过家门前那座小桥时，她想到了妈妈平时的教诲：“不是属于你的东西，你就绝对不要占有它——无论它是多么诱人！”

琼斯猛地转过身就向回跑去，她跑得很快，快得让她差点连气都喘不过来了，仿佛是在逃离什么无形的危险。

那个粗鲁的老人见琼斯又一次出现在他面前，忍不住恼怒又惊讶地问：“这回你又有什么事呢？”

“先生，您给我的钞票不是一张，而是两张。”琼斯一边颤抖，一边回答。“什么？两张？我看看！啊，的确是两张。难道你现在才发现吗？为何不早点把它送回来？”琼斯的脸红了，她低下头，没有回答。

“我猜，你一定是想留下它自己享用吧。”汤普森说，“唉，幸好你妈妈教训了你，否则我可要白白丢掉 5 元钱了。”

“我妈妈完全不知道这回事。”琼斯说，“我在到家之前就回来了。”

汤普森注视着眼前这个小女孩，当他看到一颗颗泪珠顺着孩子的脸滚落下来时，他终于改变了态度。他犹豫了半天，然后从口袋里摸出一枚硬币递给琼斯。

“不，谢谢您，先生。”琼斯说，“我不能因为做了件应该做的事而得到报酬。我妈妈告诉过我，如果是别人的东西，哪怕是一锭金子也不能要。”

此时，这个一向自私的老人仿佛也深受感动。他对琼斯道了晚安，然后慢腾腾地回到了屋里。他喃喃自语道：“世上竟然还有这样的孩子，竟然连白拿的钱都不要……”

琼斯如释重负地回到她那简陋的家中，她没有把刚才的经历告诉妈妈，因为她知道，在他们家，这是没必要炫耀的事情。

心里总艳羡别人的东西，就像眼中总含有一粒沙子。

能控制贪念的人，就可以避免祸患；能拒绝诱惑的人，就不会遇到陷阱。

明察

洞悉世事的真知

HARVARD FAMILY INSTRUCTION

哨兵的发现

在苏联卫国战争期间的一次战斗中，有一位哨兵被派往前沿阵地侦探敌情，他奉命观察阵地前那片树林的动静。那天的天气不太好，不停地刮着风，树林中密密的树枝随风摆动着，发出阵阵沙沙的声响。

忽然，他发现有一根树枝不是顺着风向倾斜，而是逆风而立。他感到非常奇怪，按照常理来说，树枝是不可能逆风而立的，这其中一定有其他的什么原因。他想了片刻，意识到前方很可能有德军埋伏。于是，他连忙给部队发出了炮击的信号，引导苏军的炮火轰击树林。炮击过后清扫战场时，苏军果然在树林中发现了数十具德军尸体。

原来，一批德军士兵正潜伏在苏军阵地前的小树林里伺机偷袭。可在潜伏过程中，有一个德军士兵感到很疲劳，顺手把身上的水壶解下来挂到了身旁的树枝上。正是这个水壶使树枝弯到了逆风的方向。那个苏联的哨兵及时发现了这一反常现象，从而意识到有敌人埋伏，最终确保了阵地的安全。那些德军士兵，直到临死的那一刻，也未能知道究竟是如何被发现的。

苏联哨兵通过常识判断和合理的逻辑分析，出色地完成了侦察任务。他的成功之处，就在于他具有良好的思维能力，从一个不太明显的现象中发现其背后隐藏的奥妙，并最终赢得了战斗的胜利。

细节决定成败！

每天问自己十个问题

如果你想走出常规，放松心情，以积极的心态开始每一天，那就很有必要以自问的方式开始。这些问题会给我们带来力量和好心情。

◎我拥有什么？通常我们会为自己没有的东西而苦恼，却不会为我们拥有的一切而快乐。比如健康，我们可以听、可以看、可以爱与被爱，每天都有食物供我们享用……这一切都是我们最珍贵的财富，我们应该时刻为拥有这些而高兴，其他都不过是身外之物。

◎我应该为什么感到自豪？为你已经取得的成绩而自豪。成绩不分大小，每一次成功都意味着向前迈出了一步。你可以为刚刚战胜一次挫折感到骄傲，可以为帮助了一个陌生人而感到幸福，可以为支持了一个朋友露出微笑，也可以为读了一本新书而感到高兴。总之，一切通过努力得到的东西都值得骄傲。

◎我应对什么心存感激？每天都有很多事情让我们为之动心，同时也有很多人值得我们感谢，因为他们在无形中教会了我们一些知识——生活的每一天对于我们来说都是一份不可多得的礼物。

◎我怎样才能充满活力？每天都要计划好做一些积极的事情，唯有积极的活动才可以让自己充满活力。你可以给自己欣赏的朋友打个电话，对身边的亲人说一些鼓励的话，或者留出一些时间进行有益的思考或锻炼一下身体。

◎我今天能解决什么问题？设法把那些原本想留到明天才解决的事今天就解决掉，尽量在当天完成手边的工作，要敢于面对那些棘手的难题，并换一种角度看待它们。

◎我能抛下过去的包袱吗？“过去的包袱”就是指那些长年累积起来的伤心经历和难解的心事。背着这些包袱有什么用呢？对过去做一个总结，把值得借鉴的经验保存起来，然后忘掉所有不利于前进的东西。

◎我怎么换个角度看待问题？人往往都是别人的建议者，却不是自己的。很多时候，关键就是我们看待事物的方式，很多人都经历过为一件事苦恼不堪过后又觉得可笑的时候，其实，悲和喜只是看问题的角度不同而已。

◎我怎样过好今天？做些与往常不一样的事情，试着说一些不一样的话，和不同的人打一次交道，这样一来你会感到生活是丰富多彩的。我们要敢于创造和创新。

◎今天我要向谁问候？心灵的交流是我们的精神食粮。曾经有一位心理学家说过，要想愉快地生活，每天至少要向三个人致以问候。它不仅可以使别人获得快乐，更可以让我们获得生活的意义。

◎我为什么不现在就开始行动？不要认为这些都是“听起来不错”的建议，也不要认为生活很难这样。其实，每天的生活并不是你想象的那样艰难。是让生活过得索然无味，还是积极向上，决定权就在你自己的手中。努力幸福地生活，你会失去什么呢？

没有反思的生活像一座没有修整的花园。

当我们开始一天的时候，我们问自己几个问题，使这一天获得目标和意义；当我们结束一天的时候，我们最好也问自己几个问题，使这一天得到反省和回顾。

问题可以让我们看清自己，可以擦亮我们蒙尘的心灵。

三条忠告

一次，一个猎人在森林里捕获了一只非常奇特的鸟，它竟然会说话。

鸟儿挣扎着说：“你放了我吧，我能说70种语言，非常聪明。只要你放了我，我就送给你三条忠告。”猎人说：“你先告诉我是哪三条忠告，然后我才会放了你。”

鸟儿同意了。“第一条忠告是，”鸟儿说道，“自己做的事，不要后悔；第二条忠告是，不管什么人告诉你一件事，如果你认为不可能，就不要相信。”鸟儿继续说：“第三条忠告是，不要轻易向上爬，如果爬不上去，千万不要勉强。”

停了一会儿，鸟儿对猎人说：“我对你的忠告就是这些。该放我了吧？”猎人想了想，就把鸟儿放走了。

这只鸟儿飞起后落在一棵大树上，它冲着猎人喊道：“你知道我为什么这么聪明吗？因为我的嘴里有一颗价值连城的珍珠。”猎人听完后，狠狠捶着自己的脑袋，后悔不已。

他想再次捕获这只鸟，于是就往树上爬。但是那棵树实在太高了，爬到一半，他就不小心掉了下来，摔断了双腿。

鸟儿嘲笑地向他喊道：“我刚才给你的忠告你全忘了吗？你既然把我放了，就不该后悔；你也根本不应该相信，像我这样一只小鸟的嘴里会有一颗很大的珍珠；你不甘心，又要爬上树来抓我，难道你忘记了我的第三条忠告吗？”

鸟儿扑打着翅膀，说完就飞走了。

宁愿相信一只鸟的话，却因此失去自己的判断；已经犯了一个错误，还要接着犯第二个错误；力不从心却要去做超出能力之外的事情——世上还有比这更愚蠢的人吗？

大卫的失误

大卫和约翰是一对要好的朋友，他们一同外出旅行。到达目的地后，约翰在酒店里看书，大卫到街上闲逛。

在一个拐角的地方，大卫看见一个旧货商店，他一进去就被一只玩具猫吸引了。大卫随手拿起玩具猫，发现猫身很重，似乎是用黑铁铸成。然而，就在他准备把玩具猫放回去的时候，发现那一对猫眼竟然是两颗珍珠！

他为自己的发现欣喜若狂，赶紧问老板这只玩具猫的价钱。老板说，这是一件寄卖品，30 美元便可以成交。

大卫想了一想说："那么我出 10 美元买走这两只猫眼可以吗？"老板在心里合计了一下说："如果你买走猫眼，猫身就没人要了。如果你肯出 20 美元的话，我还可以考虑。"

大卫回到旅店，兴奋地对约翰说："我仅仅花了 20 美元就买下了两颗珍珠，真是意外收获！"

约翰发现两只猫眼的确是罕见的大珍珠，便询问了事情的经过。听完大卫的讲述，约翰立即放下手中的书，跑到街上找到那个商店，要买那只玩具猫。老板说："猫眼已经被别人买去了，如果你要买，就给 10 美元吧。"

约翰花了 10 美元将猫身买了回来。大卫听说后大惑不解："你为什么花 10 美元去买一块废铁呀？"约翰并不在意，他向服务员借来一把小刀，刮开猫的一只脚。黑漆脱落之后，居然露出亮灿灿的黄色。他兴奋不已地大喊道："果然不出所料，这个玩具猫身是纯金铸成的!”

大卫后悔不已，他问约翰是如何知道这个秘密的。约翰笑道：“你虽然能发现猫眼是珍珠的，但你没有想到，既然猫眼是由珍珠做成，那么猫身会是普通黑铁吗？世界上哪里有这样的搭配？”

我有点儿疑惑，艾力克，戴上这样的眼镜，会让你的目光更敏锐吗？如果不能，它的意义是什么呢？

世界是充满逻辑联系的，几乎没有超乎逻辑的例外。所以，当我们遇到一件事情的时候，首先应当想一想：它们符合逻辑吗？

人有时会被利益蒙蔽心灵，逻辑会被欲望所替代，于是，我们就失去了本有的智慧。

双面神石雕

一位哲学家途经一座古城废墟，岁月已经让它显得满目沧桑，但仔细看却依然能感觉到昔日的辉煌风采。

哲学家想在此休息一下，就随手搬过一个石雕坐下来。

他点燃一支烟，望着被历史淘汰下来的城垣，想象着曾经发生过的故事，不由得感叹了一声。

忽然，他听到有人说话："先生，你感叹什么呀?"

他四下里望了望，却没有人，他疑惑起来。那声音又响起来，原来声音来自那个石雕。

那是一尊"双面神"雕像。哲学家奇怪地问："你为什么会有两副面孔呢?"双面神说："有了两副面孔，我才能一面察看过去，一面瞻望未来。"

哲学家说："过去再也无法留住，而未来又是你无法得到的。你不把现在放在眼里，即使你能对过去了如指掌，对未来洞察先知，又有什么实在意义呢?"

双面神听了哲学家的话，不由得痛哭了起来，他说："先生啊，听了你的话，我才明白落得如此下场的根源。"

哲学家大惑不解，双面神接着说："很久以前，我驻守这座城池。我自诩能一面察看过去，一面又能瞻望未来，所以从来不关注现在的一切。结果，由于城邦的治理荒废了，最后被敌人攻陷，美丽的辉煌都成了过眼云烟，我也被人们遗忘于废墟之中。"

美好的现在，可以沉淀美好的过去，可以生长美好的未来。

人永远生活在现在，活在现在却逃避现在，生命到哪里安身?

几个经典的小测试

有个失恋的女孩，在公园里因痛苦而哭泣。

一个哲学家笑道："你不过是损失了一个不爱你的人，而他损失的是一个爱他的人，他的损失比你大。你哭什么？该哭的人应该是他呀！"

就让我们来玩玩简单的逆向思考游戏吧。人生的喜怒哀乐可以因角度的不同而有所不同，看似复杂的事情，换个角度会完全改变。下面就是几个类似的小测试——

◎如果你家附近有一个餐厅，东西又贵又难吃，桌上还爬着蟑螂，你会因为它很方便，就一而再再而三地光临吗？

你一定会说，这是什么烂问题，谁那么笨，花钱买罪啊？可同样的情况换个场合，说不定就另当别论了。

不少人明知道他正在交往的朋友品性不端，明知道和他在一起没什么好结局，但是却"不知道为什么"还要和他搅在一起，这不是和光临那种餐厅一样吗？

◎如果你不小心丢了100块钱，你知道它好像丢在某个你走过的地方，你会花200块钱的车费去把那100块钱找回来吗？

你一定会说，这又是一个超级蠢问题。

可是，相似的事情却在人生中不断发生。做错了一件事，明知自己有问题，却死也不肯认错，反而花加倍的时间来找借口；说了一句不恰当的话，别人已经忘记，自己却长久地为此懊悔；有人无意伤害了自己，为了报复，不惜处心积虑，结果给自己换来更大的伤害。

◎如果有人对你说："你还很年轻，所以即使最想做的事，也可以无限延期，以待将来。"

你一定会说："不，谁说要这样？决不可以！"

然而现实中我们却常说：等我老了，就去环游世界；等我退休，我就去学绘画，因为当画家是我的理想；等孩子长大了，我就经常去健身……我们误以为自己有无限的时间与体力等待将来，其实不然。如果现在就能一步一步向前走，我们就不会活了半生，还看不见梦想的背影。

◎假期来临了，你会因为邻居没有出门，自己也取消外出旅游的计划吗？

你又会发火：胡说八道！这是个什么问题？当然不会！

然而，有不少人却经常说：那么多人都没去做，我也不要去做；那么多人都失败了，我也肯定要失败；古往今来都没人这样想，我也不该胡思乱想……因此，很多人一辈子就因为别人而什么事都不敢做。

◎你手握着高压水龙，却不向火海喷水，因为你担心不能将火扑灭。

恐怕每个人都会说：你以为我是这样的白痴吗？喷一下总比不喷好吧？

然而，我们却常常在不该打退堂鼓时打了退堂鼓，因为恐惧失败而不敢尝试成功。很多人在根本还不知道鹿死谁手的时候，就干脆放弃。我们应该记住这样一句名言：不要等到猎物消失的时候，才后悔自己没有放上一枪。

很多人懂得小道理，却不懂大道理；能分清小是非，却分不清大是非。我们并不缺乏智慧，我们缺乏的是怎样运用智慧。

阿尔蒙的请求

古时候，伊拉克有位国王叫阿尔蒙，他有一匹千里马。一个叫奥玛的商人看到他的马羡慕不已，想用10个金币交换，但阿尔蒙没有同意。奥玛恼羞成怒，决定用诡计把千里马骗来。

阿尔蒙喜欢每天独自出城遛马，奥玛便选了一个离城门很远的地方，装成病重的流浪汉躺在路旁。善良的阿尔蒙赶紧把他扶上千里马，打算带他进城治病。奥玛装作有气无力地指了指地上的包袱，阿尔蒙就把他的包袱拾起来；奥玛又指了指远处的一根木棍，阿尔蒙连忙又转身去捡那根木棍。奥玛趁机夺过缰绳，纵马逃走。

阿尔蒙跟在马后面追了很久，终于跑不动了。奥玛知道诡计得逞，便勒住马头得意洋洋地对阿尔蒙说："你丢了千里马，却连一个铜子儿也没得到，你还有什么要说的？"

"马可以归你，但我有一个要求，"阿尔蒙大声说，"请你不要告诉别人你骗走千里马的方法。"奥玛听了哈哈大笑地说："原来国王也怕别人嘲笑呀！"

"不！"阿尔蒙喘着粗气回答说，"我是担心人们听说这个故事后，会怀疑所有昏倒在路边的人都是骗子。说不定哪一天，你和我也会染疾倒卧路边，那时，谁会来帮助我们呢？"

奥玛愣了一下，调转马头跪到阿尔蒙脚边，请求他宽恕自己。阿尔蒙扶起奥玛，请他一起回到王宫，两人从此结下了深厚的友谊。奥玛后来成了伊拉克历史上最受爱戴的大法官。

欺骗别人的善良是最大的罪恶，成全别人的善良是最大的善良。

善有时会激发罪恶，当善缺乏力量的时候；善大多数时候能征服罪恶，假如善能辅之以勇气和智慧。

听的艺术

有两个小故事,讲的都是国王的事情。

第一个故事说，曾经有个小国使者给波斯王进贡，他的礼品是三个外形一模一样的金人。波斯王很高兴，盛情款待了他。席间，使者给波斯王出了一道题目：请分辨这三个金人哪个最有价值?

波斯王想了许多办法寻求答案，可是，无论称重量、看工艺、比成色似乎都难分伯仲。国王着急了，怎么办?使者还等着回去禀报，如果被这样一个问题难住了，自己还有何颜面?

这时候，一位老臣站了出来，他说他有办法。

波斯王将使者请到大殿，只见老臣胸有成竹地拿出三根稻草，来到三个金人跟前。他将三根稻草分别插入三个金人的耳朵，结果，稻草送进第一个金人耳朵，又从另一边耳朵出来了，稻草从第二个金人的一只耳朵插进去，则从嘴巴里掉了出来，而第三个金人的稻草却掉进了肚子。

老臣回过身向国王和使者鞠了一躬，说："第三个金人最值钱!"使者默然点头，答案正确。

第二个故事说的是以色列的所罗门王，他是一位智慧的国王，他的邻国皇后为答谢他长久以来的保护，带着贵重的礼物前来拜见他。

皇后贡献的礼物很多，包括珍稀的动物、罕见的宝石、美味的食物……最后，皇后献上两个玻璃制作的花瓶，里面装着五彩缤纷的漂亮花瓣。她对所罗门王说："伟大的国王！这两瓶花中，有一瓶是真花，有一瓶是假的。请用您的智慧来分辨，哪一只瓶内藏的是真花？"

这个难题似乎将所罗门王给难倒了，因为两个瓶里的花看起来都鲜艳夺目。就在这个时候，所罗门王听见花园里传来细微的嗡嗡声，于是他叫人把窗户打开。

过了不久，一只蜜蜂从窗外飞进屋，钻进了其中一个花瓶。所罗门王面露微笑地看着皇后，然后大家都开心地大笑起来。那只蜜蜂已经解答了这个难题。

"啊……啊……啊……啊……明白，我会写下来的！"
我会写下来的……写下来……可是，我到底要写些什么呢？

生活，其实就是一门听的艺术。把听到的放在心里才能变成思想，把听到的转化为智慧，才能明辨真伪。

只要我们不封闭自己，难题都算不上难题。必要的时候，只需打开一扇窗，问题就可以迎刃而解。

美国铁路的宽度

在阅读统计数字时，罗杰发现，美国境内的铁轨宽度统一为4英尺8.5英寸。是什么人确定4英尺8.5英寸这个莫名其妙的数值作为铁轨的宽度呢？

在花了一些时间之后，罗杰得到了一些有趣的发现。

美国铁路的第一批建设者，就是那些修建市内有轨电车的人，那么，以有轨电车的轨道宽度作为火车铁轨的宽度，也就是顺理成章的事了，更何况有轨电车已经使用了几十年，事实证明，它工作得很好。

但是归根到底，又是什么原因导致有轨电车的铁轨宽度采取这个特定数值的呢？在市内有轨电车建设的早期，许多制造公司是从马车生产商转产而来的。这些公司带来了他们生产马车的技术、经验和尺寸。

但是，马车的宽度又是从哪里来的呢？美国马车的祖籍是英国，英国的国家标准规定，马车的轮距是4英尺8.5英寸，任何不符合这个规定的马车，都无法在道路上存在下去。

那就是说：这个轮距的宽度是与马路的宽度相关的。那么，是谁修建了欧洲最早的公路？史书证明，是罗马人建立了欧洲最早的公路系统，除了用于通商，还帮助他们在庞大帝国的内部快速地运送军队。

这些公路最初通行的车辆是罗马战车。这样，其他使用这些公路的车辆，就必须遵守军队规定的宽度，否则他们的车轴就会被折断。

罗马帝国统一度量衡的时候，罗马军队的指挥官就把马路的宽度规定为 4 英尺 8.5 英寸，因为罗马战车的轮距恰恰是这个宽度。因为这个宽度刚好适合两匹马并排拉车，也就是说，这个宽度最初取决于两匹马屁股的宽度。

这个宽度最终还决定了美国航空飞机火箭助推器的直径。

制造火箭助推器的公司名叫 Thiokol，坐落于犹他州，最初，这家公司把火箭助推器设计得比后来的要大一些，但是却遇到了一个小小的问题。要把助推器运到佛罗里达州的火箭发射场地必须用火车，而火车要翻山越岭穿山洞。火车隧道只比 4 英尺 8.5 英寸宽一点点，也就是说，如果按照最初的设计，火箭助推器会卡在山洞里。因此，Thiokol 公司的设计师重新考虑了火箭助推器的外形尺寸，使它能够顺利通过铁轨只有 4 英尺 8.5 英寸宽的火车隧道。

于是，马屁股的宽度不仅改变了人类交通工具的规格，还改变了人类尖端的火箭推进系统的设计。

规则可以使我们获得秩序，同时也会使我们失去创造力。当规则被我们神圣化以后，人便成为它的奴隶。

不要以为一切规划都是理所当然，学会拷问规则，敢于打破常规，这样的人才能有所作为。

要记住，在这个世界上，人才是唯一合理的规则！

乌龟的智慧

从前有一只乌龟，想要独占全世界的智慧，做世界上最聪明的动物。它想让所有人，无论遇到什么问题，都不得不向它请教。

于是，它开始长途跋涉，到世界各地搜集智慧。它把搜集到的所有智慧，都装在一个葫芦里，然后准备把葫芦藏到一棵谁也爬不上去的大树顶上。

它来到那棵选中的大树下，把葫芦系在自己的脖子上，然后开始爬树。它努力地往上爬，却怎么也爬不上去——葫芦吊在它的肚子上，总是妨碍着它的行动。几经努力，最后都以失败告终。

这时候，它听见有人在背后发笑，回头一看，发现有一个猎人正在瞧着它。

乌龟很不高兴地看着猎人，它说："你为什么这样奇怪地看着我？难道你不知道我是世界上最聪明的智者吗？"

"朋友，"那位猎人说，"要是你想爬到树顶上去，为什么不把那个葫芦挂在背后呢？"

听了猎人的话，乌龟这才知道自己为什么老是上不了树。它非常惭愧，原来它以为世界上的智慧全都被它装进了葫芦里了，现在才发现，猎人那里还有一个智慧呢！

千万不要以为，自己是最聪明的人；千万不要以为，自己可以成为最聪明的人。

有时候，一个普通的猎人都比你聪明；有时候，一个小葫芦都能把你彻底难倒。

法庭上的辩驳

在委内瑞拉西部的一个小镇上，一个人喝醉了酒之后到处发疯，于是被扭送到法庭。

他预感到法官要惩罚他，就说："首先我想向法官提几个问题。"

"你问吧。"法官说。

"我如果吃了沙枣，这有什么不好吗?"

"没有什么不好。"法官回答。

"如果我再喝些水，这会有罪吗?"

"当然没有罪。"

"然后我躺在地上晒一会儿太阳，这是不是犯法?"

"不是。"法官说。

"那为什么我喝了一点用枣加上水酿成的东西，然后在大街上晒会儿太阳，你们就说我有罪呢?"那个人质问法官。

法官想了想，没有直接回答他的质问，而是反问道："先生，现在我想向你提几个问题，请你也认真回答我。"

"你随便问吧。"那个人傲慢地答道。

法官说："如果我向你泼一点水，这会使你受伤吗?"

"不会!"那人回答。

"如果我往你头上再倒点黏土，你会残废吗?"

"当然不会!"

"那么我把这些黏土掺些水做成砖头，再放在太阳下晒晒，然后用它打击你的头，会有什么后果?”

“当然……当然会打破我的头……”那人回答。

“那很好，”法官说，“虽然水和黏土都不会对你有害，但用水和黏土做成的砖头却会砸破你的头；同样，虽然喝点水、吃点沙枣并不违犯法律，但用这种枣和水酿成的酒却能让你失去理智，使你闹事，结果破坏了法律。”

那个人再也没说出一句话，乖乖地等候法官发落。

我希望你能够明白，读书并不是我们想象的那样充满乐趣，实际上，它需要刻苦努力。

对于一个想成就大业的人来说，勤奋比聪明更加重要。

以其人之道还治其人之身，往往是最好的御敌策略。

生活中，1+1 通常不再等于 2，而是大于 2，或者小于 2。

海马的焦虑

小海马有一天做了一个梦，梦见自己拥有了七座金山。

从美梦中醒来，小海马觉得这个梦是一个神秘的启示：它现在全部的财富是七个金币，它希望有一天，这七个金币会变成七座金山。

于是它毅然决然地离开了自己的家，带着仅有的七个金币，去寻找梦中的七座金山，虽然它并不知道七座金山到底在哪里。

海马是竖着身子游动的，游得很缓慢。它在大海里艰难地游着，心里一直在想：也许那七座金山会突然出现在我的眼前。

然而金山并没有出现，出现在眼前的是一条鳗鱼。鳗鱼问："海马兄弟，看你匆匆忙忙的，要干什么去?"海马骄傲地说："我去寻找属于我自己的七座金山。只是，我游得太慢了，我想快点儿找到它。"

"那你真是太幸运了。对于如何提高你的速度，我恰好有一个解决方案，"鳗鱼说，"只要你给我四个金币，我就给你一个鳍，有了这个鳍，你游起来就会快得多。"海马戴上了用四个金币换来的鳍，发现自己游动的速度果然提高了一倍。海马欢快地游着，心里想，也许金山马上就出现在眼前了。

然而金山并没有出现，出现在海马眼前的是一个水母。水母问："小海马，看你急匆匆的样子，你想要到哪里去?"海马骄傲地说："我去寻找属于我自己的七座金山。只是，我游得太慢了。"

“那你真是太幸运了。对于如何提高你的速度，我有一个非常好的办法，”水母说，“你看，这是一个喷气式快速滑行艇，你只要给我三个金币，我就把它给你。它可以在大海上飞快地行驶，你想到哪里就能到哪里。”海马用剩下的三个金币买下这个小艇。它发现，这个神奇的小艇使它的速度一下子提高了五倍。它想，用不了多久，金山就会马上出现在眼前了。

然而金山还是没有出现，出现在海马眼前的是一条大鲨鱼。大鲨鱼对它说：“你太幸运了。对于如何提高你的速度，我恰好有一套最完美的设想。我本身就是一条在大海里飞快行驶的大船，你要搭乘我这艘大船，你就会节省大量的时间。”大鲨鱼说完，就张开了大嘴。

“那太好了。谢谢你，鲨鱼先生！”小海马一边说一边钻进了鲨鱼的口里，向鲨鱼的腹腔深处欢快地游去……

珍惜你所拥有的，你有的就是最好的。

贪婪只会使自己丧失一切。

北风和太阳

一天，北风和太阳争论起来了，它们都认为自己的能量大。

太阳说："万物生长都需要我，我是宇宙的中心，我的能量无人能敌!"

北风也不甘示弱，反驳道："我所到之处摧枯拉朽，声势浩大，人们见到我都避之不及。"

北风与太阳争论不休。最后，它们看见下面的道路上有一个行人，于是便打赌，看谁能让行人脱下他的衣服。

北风憋足了气，猛烈地吹向行人，树木都被吹得左右摇摆，路上灰尘满天。那个行人赶忙扣紧衣服，急速地奔跑起来。

见此情景，北风认为自己还没有使出全部的力量，于是，它刮得更猛了。行人冷得瑟瑟发抖，把衣服裹得更紧。北风使出浑身力量，行人不但没有脱掉衣服，反而戴上了皮帽子。

北风疲倦了，太阳微笑着说："你这样是不行的，还是让我来吧!"说完，它把温和的阳光洒向大地，刚才还裹紧衣服的行人，这时慢慢松开了衣扣，然后取下了遮风的皮帽。

阳光越来越暖和，行人渐渐觉得热了，最后变得汗流浃背。他想：这么温和的天气，如果把衣服脱了，就不会热得难受，走起路来也会轻松许多。这样想着，他索性脱下了衣服。

太阳终于赢了，但北风却不知道自己为什么会输。

一颗温暖的心比一双暴力的手更容易让人折服。

如果方法错了，我们越努力，失败就来得越快。

行动

汇聚大海的水滴

HARVARD
FAMILY
INSTRUCTION

聪明的瑞迪

18 岁的瑞迪在暑假将要来临的时候，对爸爸说：“我不想在整个夏天都向你伸手要钱，我要外出找个工作。”

父亲说：“好啊，我会想办法给你找个工作，但是恐怕不容易，现在正是人浮于事的时候。”

“你没有弄清我的意思，我并不是要你给我找个工作，我要自己找。还有，请不要那么消极，虽然现在人浮于事，我还是可以找到工作的。我相信总有些人可以找到工作。”瑞迪说道。

父亲带着疑惑问道：“哪些人呢？”儿子回答说：“那些会动脑筋的人。”

瑞迪在“有事求人”广告栏上仔细寻找，发现了一个很适合他专长的工作。广告上说，受聘者要在第二天早晨 8 点钟到达 42 街等候面试。

瑞迪没有等到 8 点钟，在 7 点 45 分钟就到了面试的地方，可他看到已有 20 个男孩排在那里，他只是队伍中的第 21 名。

怎样才能引起雇主的注意而竞争成功呢？这是一个问题，他应该怎样解决这个问题？瑞迪想，只有一件事可做——动脑筋思考。因此他进入了那最令人痛苦但也是最令人快乐的程序——思考。在真正思考以后，总是会想出办法的，瑞迪就想出了一个好办法。

他拿出一张纸，在上面写了一些字，然后折得整整齐齐，走向秘书小姐，恭敬地对她说：“小姐，请您马上把这张纸条交给您的老板，这非常重要。”

秘书看着他，如果他是个普通的男孩，她可能会说：算了吧，小伙子，回到队伍的第21个位子上等吧。但是他不是普通的男孩，她凭直觉感到，这个小伙子身上散发出一种自信的气质。

“好啊！”她说，“让我来看看这张纸条。”她看后不禁微笑起来，立刻走进老板的办公室，把纸条放在他的桌子上。

老板看了也大笑起来，因为纸条上写道：“先生，我排在队伍中的第21位，在你没有看到我之前，请不要作决定。”

瑞迪是不是得到了工作？他当然得到了这份工作，因为他是一个会动脑筋思考的人，也是一个敢于行动的人。

机会总会垂青于那些主动思考、敢于行动的人。在被动的情势面前，怎样在众人中脱颖而出？凸现自己的自信和个性风格，可以将你推向与众不同的舞台，瑞迪的机智正在于此。

你想不想成为百万富翁

多年以前，一个年轻的退伍军人来找戴尔·卡耐基，他想要得到一份工作，但是他觉得很茫然，不知道自己到底能干什么。所以他告诉戴尔·卡耐基，他没有什么奢求，只希望能养活自己，并且找到一个栖身之所就够了。

在成功学家戴尔·卡耐基的眼中，每个人都大有可为，只要他胸怀大志。卡耐基非常清楚，一个人能否成功，其实就在一念之间。

卡耐基问他："你想不想成为百万富翁？赚大钱轻而易举，你为什么只求卑微地过日子？"

"不要开玩笑了，"退伍军人回答，"我的肚子需要填饱，我需要的是一份普通的工作。"

"我不是在开玩笑，"卡耐基说，"我非常认真。你只要运用手头现有的资产，就能够赚到几百万元，只要你愿意。"

"资产？"他疑惑地问，"我除了穿在身上的衣服之外，什么都没有。"

"其实你有足够的资产，只是你没有发现。你现在需要的是一个目标，然后开始走向目标。"

从谈话之中，卡耐基逐渐了解到，这个年轻人在从军之前，曾经担任富勒·布拉的机械设备业务员，在军中他还学得一手好厨艺。也就是说，除了健康的身体，他所拥有的资产还包括烹调手艺及产品销售的技能。他唯一缺少的是积极进取的雄心和对自己固有资源合理利用的能力。

卡耐基和他交谈了两个多小时，渐渐使他从一个茫然和绝望的人变成一个积极的思考的人。一个灵感突然跳进他的脑海："我为什么不运用销售技巧，说服家庭主妇，然后把烹调器具卖给她们?"

这个退伍军人用手头仅有的钱，买了几件像样的衣服和一套烹调产品，然后就开始了自己的计划。第一个星期，他卖出了一套烹调器具，赚了 50 美金。第二个星期他用卖第一套炊具的钱批进了第二套，于是得到了加倍的收入。不久之后，他开始训练业务员，用他的方法帮他销售成套的烹调产品。4 年之后，他的年收入就超过了 100 万。

每个人的身上都有一两种基本生活技能，只要你合理利用这些技能，并且敢于付诸行动，你就可以从身无分文变为百万富翁，从一文不名到功成名就。

只要我们拥有一块小小的石头，就有办法击中一个目标。不要因石头太小而失望，只要给它附加一个速度，它就获得了力量。

世上有很多天才，也有很多平庸之辈，他们之间的唯一区别就是：前者一直把石头捏在手里，后者却用力将它扔了出去。

马上出发

安东尼·吉娜是纽约百老汇最年轻、最负盛名的演员之一，她曾在著名的脱口秀节目《快乐说》中讲述了她的成功之路。

几年前，吉娜是大学艺术团的歌剧演员，毕业的时候，她向人们展示了一个璀璨的梦想：先去欧洲旅游一年，然后到百老汇拼搏，争取成为一名优秀的明星。

吉娜的心理学老师找到她，问道："你旅欧之后去百老汇，跟一毕业就去有什么差别？"吉娜仔细一想：是呀，赴欧旅游并不能帮我争取到百老汇的工作机会，于是，她决定几个月后就去百老汇。

老师又问她："你几个月以后再去和现在就去有什么不同？"吉娜有些激动，想想那个金碧辉煌的舞台和那双在睡梦中萦绕不绝的红舞鞋，她情不自禁地说："好，给我一个星期的时间准备一下，然后就马上出发！"老师步步紧逼："所有的生活用品在百老汇都能买到，为什么非准备一个星期呢？"

吉娜终于双眼盈泪地说："你真的认为我可以吗？"老师坚定地看着她说："你当然可以！"

"好，我明天就动身。"老师赞许地点点头，说："我马上帮你订好明天的机票。"第二天，吉娜就坐飞机到了全世界最巅峰的艺术殿堂——纽约百老汇。

当时，百老汇的制片人正在酝酿一部经典剧目，几百名各国演员蜂拥前去应聘该片主角。按当时的应聘步骤，是先挑选十来个候选人，然后让他们按剧本的要求表演一段主角的道白。这意味着要经过百里挑一的艰苦角逐。

吉娜到了纽约后，没有急着去漂染头发和购买衣服，而是费尽周折从一个化妆师手里拿到了将要排练的剧本。以后的两天中，吉娜闭门苦读，悄悄演练。初试那天，当其他应聘者都按常规介绍自己的表演经历时，吉娜却要求现场表演那个剧目的道白，最终她以精心的准备出奇制胜。

就这样，吉娜来到纽约的第三天，就顺利地进入了百老汇，穿上了她演艺人生中的第一双红舞鞋。

儿子，如果你想干什么，就马上去干吧！
徘徊和犹豫是成功最大的敌人。

人们习惯于将梦想的实现推迟到将来，不是因为时机还没成熟，而是因为他们畏惧、懒惰、缺乏自信。

迟疑使等待的痛苦变得长久，使成功的幸福变得遥不可及。

通往未来的路永远不在未来，而在当下，如果你不能现在上路，也许就要错过一生。

看杰米有什么办法

杰米是个普通的年轻人，家中有妻子和两个小孩，但他的收入并不多。

全家人住在一间小公寓，夫妇两人都渴望有一套新房子。他们希望有较大的活动空间、有比较干净的环境、有宽敞的地方供孩子们玩耍。

买房子的确很难，必须有钱支付分期付款的头款才行。有一天，当他签发下个月的房租支票时，突然意识到，每月的房租其实跟买新房分月付款差不多。

杰米跟太太说：“下个礼拜我们就去买一套新房子，你看怎样?”

“你怎么突然想到这个?”她问，“开玩笑！我们哪有能力！可能连头款都付不起!”

但是他已经下定决心：“跟我们一样想买一套新房的夫妇大约有几十万，其中只有少部分人如愿以偿，原因是，大家都像我们过去一样，被头款吓退了脚步。我们一定要想办法买一套房子。虽然我现在还不知道怎么凑钱，可是一定要想办法。”

接下来的一个礼拜，他们真的找到一套两人都喜欢的房子，朴素大方又合理实用，头款是1200美元。现在的问题是，如何凑够1200美元。杰米知道，他无法从银行借到这笔钱，因为这样会妨害他的信用，使他无法获得抵押借款。

他突然有了一个灵感：为什么不直接找承包商谈谈，向他私人贷款呢？他真的这么做了，但承包商起先很冷淡，因为他几乎没有遇到过这样的情况。由于杰米一再坚持，他终于还是同意了。他愿意杰米把1200美元的借款每月偿还100美元，利息另外计算。

现在杰米要做的是，每个月如何另外凑够100美元。夫妇俩想尽办法，一个月只可以省下25美元，还有75美元要另外设法筹措。

这时杰米又想到一个办法。第二天早晨上班之后，他直接跟老板解释了这件事，他的老板对于他要买新房感到很高兴。

杰米说："彼恩先生，你看，为了买房子，我每个月要多赚75美元才行。我知道，当你认为我值得加薪时一定会加的，可是我现在可能还不够条件，但我确实很想多赚一点钱。公司的某些事情可能在周末做会更好，你能不能答应我在周末加班呢？有没有这个可能呢？"

老板对于杰米的诚恳和雄心非常感动，真的找出许多事情让他在周末工作十小时，于是他得到了他需要的薪水，很快他们全家就欢欢喜喜地搬进新房了。

当杰米想买房子的时候，他没有因为钱少而退缩，而是为"想买房子"这个想法输入了一连串积极的行动，结果他如愿以偿。

成功只钟情那些有目标的人，目标只钟情那些有行动的人。

试试坏的开始

有一段时间，政治上遭受打击的丘吉尔整日神情抑郁。一个邻居刚好是一位画家，家里堆满了各种各样的颜料、画笔、画布以及画好的作品。丘吉尔一家经常被邀请去欣赏那位邻居的杰作，后来在家人的劝慰下，丘吉尔开始跟邻居学习油画。

丘吉尔在政治舞台上是一个敢作敢为的政治家，可是对着那张干净整洁的画布，他半天都不敢下笔，生怕出一点差错。画家见了，索性将所有的颜料全部泼到画布上。丘吉尔一见画布上一片狼藉，于是就拿起画笔任意涂抹起来，就这样，丘吉尔画出了他的第一幅作品。虽然并不完美，但那毕竟是一个很大的突破。

从此，丘吉尔开始放开手脚画画。经过不断地练习，他终于在画技上有了长足的进步，最后他不仅给画坛留下了大量构思大胆、风格独异的油画作品，而且还因此恢复了自信，东山再起，在英国甚至在世界历史上创造了惊人的伟绩。

好的开始是成功的一半。但是，如果没有好的开始，我们就不妨试一试坏的开始，因为一个坏的开始要比永远没有开始要好得多。

辛迪和西尔维亚

有一位名叫西尔维亚的美国女孩，她的父亲是波士顿有名的整形外科医生，母亲在一所大学担任教授。从念中学的时候起，西尔维亚就一直梦寐以求地想当电视节目主持人，她觉得自己具有这方面的才干，因为每当她和别人相处时，即使是陌生人也都愿意亲近她并和她畅谈。她知道怎样从人家嘴里“掏出心里话”，她的朋友们称她是“亲密的随身精神医生”。她自己常说：“只要有人愿意给我一次上电视的机会，我相信一定可以成功。”

但是，为达到这个理想西尔维亚做了些什么呢？什么也没做！她一直在等待奇迹出现，希望一天有人找到她，从此一夜之间就当上电视节目主持人。西尔维亚不切实际地期待着，结果什么奇迹也没有出现。谁也不会请一个毫无经验的人去担任电视节目的主持人，而且任何一个节目主管都不会跑到外面去搜寻天才，因为总是有别人去找他们。由于这个原因，西尔维亚后来只好当了一名产品营销员。

另一个名叫辛迪的女孩和西尔维亚一样，从小就对电视节目主持人怀着梦想，不过后来她真的如愿以偿。辛迪知道“天下没有免费的午餐”，一切成功都要靠自己的努力去争取。她不像西尔维亚那样等待机会出现，她白天去做工，晚上在大学的舞台艺术系上夜校。毕业之后，辛迪开始谋职，跑遍了洛杉矶每一个广播电台和电视台。但是，每个地方的经理给她的答复都差不多："至少要有几年的专业经验，否则我们不会雇用。"

但是，辛迪不愿意退缩，而是大胆走出去寻找机会。她仔细阅读各类广播电视方面的杂志，最后终于看到一则招聘广告：北达科他州有一家很小的电视台，招聘一名预报天气的女播音员。辛迪是加州人，不喜欢北方。但是，有没有阳光，是不是经常下雨，这些都没有关系，她希望找到一份和电视有关的职业，干什么都行！她抓住这个机会，马上动身到北达科他州。

辛迪在那里工作了两年，后来又在洛杉矶的一家电视台找到了一份工作。又过了5年，她终于得到提升，成为梦想已久的节目主持人。

为什么西尔维亚失败了，而辛迪却能够成功？因为西尔维亚一直停留在幻想中，一直在坐等机会；而辛迪则不同，她一直在行动，终于一步一步地实现了理想。

天赋从来不会将你直接送到成功的殿堂。相反，步入这个殿堂的首要前提就是忘记自命不凡的天赋，以免它遮蔽了双眼，阻止了前进的脚步。

这就好比乘坐一辆驶向成功的列车，你得沉住气耐心地一站一站靠近终点，而不是站在原地，以为终点会自己跑过来扑向你。

爱心从身边开始

在一次爱心培训课程中，培训师让学员们发言，谈谈各自的目标和计划。

一位学员说："我要争取赚够100万美元，然后就办一个社区养老院，让那些无依无靠的老人过上快乐的生活。"

一位学员说："我准备写一本书，教给那些失业者如何重新找到工作和自信，使他们从绝望中树立生活的信心。"

一位学员说："我会每天为那些身处灾难中的人们祈祷，愿上帝保佑他们转危为安。"

培训师笑一笑，沉默了一会儿，然后再让其他学员发言。

一位残疾青年说："我有一位84岁的邻居，她的冰箱里总是空空的，因为她不能亲自去超级市场。于是我就每天替她把食品买来，送到厨房，放进她的冰箱。我的行动不方便，所以只能做这些小事情。"

一位有 3 个孩子、丈夫却过早去世的妇女说："我认识一位年轻的妈妈，她经常两手各拖着一个刚会走路的孩子，却还有一包东西要拿。她如果多一只手，问题就迎刃而解了，可是她不可能多出来。我就告诉她，在她外出办事时，可以把孩子放在我家，这样她就会感到轻松多了。"

一个在校大学生说："有个慈善联谊会急需一些义工，为那些卧病在床的人做一些清洗工作。一位朋友跟我谈过后，我们便一块干起来。每周抽出两个小时就行了，虽然是一点儿小帮助，却给别人带来了很多安慰。”

培训师再一次笑了，他说：“大家不要总是坐在那里思考、计划要做什么，在遇到每个需要帮助的人和事情时，应该立刻付诸行动。在做这些事的时候，我们也不要总是想，我是在奉献爱心，做这些事情的时候，最好什么都不想，因为这一切都是理所当然的。”

米雪尔，小朋友们来了。如果你们去莫里尔奶奶家做义工，我也愿意加入进来。

善意只有表达出来才是善行，否则，它只是太阳的影子，永远不能给人带来温暖。

哪怕只是山泉溪流，只要它不停地涓涓流淌，最后就可以汇成海洋。

真正的爱心和善意是一种日积月累的行动，是一种生活方式，真正的善使你不知道你在行善。

酿酒人的儿子

在青少年时期，吉姆的父亲就告诫他，将来不要做酿酒人，他们祖祖辈辈以此谋生，专为当地的啤酒厂酿造啤酒，可是他们的生活却没有变得更好。

吉姆接受了父亲的忠告，努力学习，以优异的成绩考取了哈佛大学，几年后又考取了该校的研究生，主攻法律和商业。在读研究生的第二年，吉姆似乎突然有了一种冲动，希望实实在在做一些事情，这么多年来，他除了上学读书以外，还什么都没有干过。他要为今后的人生做出新的选择。

哈佛毕业后，吉姆当过五年半的野外攀登教练，后来他又在波士顿一家商业咨询公司找到一份薪水丰厚的工作。可是，他的头脑中时常萦绕起一丝疑虑：难道这就是我想一直做到50岁的工作吗？

就在不久前，吉姆帮父亲整理阁楼时，偶然发现了一张黄纸片上的啤酒配方。父亲告诉他说：“现在的啤酒基本都是水，只是上面有一些泡沫。我们过去酿造的啤酒可不是这样。”

美国人总在喝进口的啤酒，但那常常是既不新鲜又走了味儿的东西。为什么我们不能自己酿造更好的啤酒呢？吉姆决定辞职，做一名酿酒人，他突然发现，多少年来自己一直真正想干的事情可能就是这个。当他把这个想法告诉父亲时，父亲伤感地说了一句话：“吉姆，这是我所听到的最愚蠢的话！”

但这并没有阻止吉姆的脚步。他拿出了10万美元的积蓄，又从朋友那里募集了10万美元。他终于做了一名酿酒人。

啤酒酿造出来后，最大的问题是如何将它送到消费者手中。销售商们说：“你的啤酒太贵了，而且没人听说过它的名字。”吉姆想了很久，最后他以曾领导波士顿倾茶事件的酿酒人及爱国者的名字来命名自己的啤酒——塞缪尔·亚当斯。

吉姆打算用直销的方法来打造这个牌子。他将啤酒及冰袋装进大皮箱，穿上笔挺的西装，向一间间酒吧走去。

大多数调酒师起初还以为吉姆是国家税务局的官员，但当他打开皮箱时，才引起他们的注意。他向调酒师们讲述了自己的故事——如何用父亲祖传的配方开创这家小小的啤酒厂。之后，有个调酒师惊讶地说：“孩子，我喜欢你的故事，但我更喜欢你啤酒的味道。没想到这啤酒会这么好！”

六周后，在美国“大啤酒节”上，吉姆的“塞缪尔·亚当斯”啤酒获得了美国啤酒节的最高奖。

接下来的事情就成为历史了。其实开始时，吉姆无论如何都没有想到自己会走上这条路——做一个酿酒人，但兴趣和执著带他走上了这条道路。他终于成功了。

同样是从事啤酒行业，为什么吉姆的父亲没能改变他们的生活，而吉姆却可以大获成功呢？显然，职业本身没有优劣之分，成败的关键在于：你是否热爱它，是否在满怀激情地工作。

最有用的事情

一位图书馆馆长每天早晨8点，总是亲自为自己的图书馆开门，然后对第一批踏进图书馆大门的读者问候致意。巡视一番后，才去自己的办公室。

有人告诉他，馆长不必做这些小事。他却认真地说："这的确是小事，但对图书馆来说，却是每天最有用的事情。"

一个编织毛衣的女人是美丽的，一个劈柴的男人是有魅力的，一只正在下蛋的母鸡是动人的，一只忙碌的蜜蜂是可爱的——因为他们都在做着对生活有帮助的事情。

每一天结束之后，我们是否反思过，你做了哪些实实在在的事情？不要小看那些琐事，正是它们构成了我们生活里最细腻、最亲切的关怀。在我们心存高远的时候，不要忽略眼下的每一个小节，正如树枝上的一个嫩芽，到明天它就是一片翠绿。

每一天起码要做一件实事，哪怕微不足道，你的这一天就会过得踏实无憾。

丹麦历史上有一对很有名的科学家兄弟，哥哥尼尔·波耳是物理学家，外向、健谈；弟弟哈洛·波耳是数学家，内向而且拙于言辞。

他们从小就喜欢做一个小游戏——彼此说出对方愚蠢或可笑的缺点。哥哥尼尔觉得这是很好玩儿的一件事，但弟弟哈洛每次总是说："噢，我可能说不好。"

哥哥说："难道你不想让我快乐吗？"

弟弟只好说："那你先说吧。"

哥哥开始批评弟弟："你口齿不清，不会说幽默的话，不会让别人感到快乐……好了，现在你可以说我了！"

弟弟还是笑着，他想了一会儿，平静地说："你……你说话太快……"

哥哥等得不耐烦了，便说："你要说我的缺点，知道吗？"

弟弟这才又"嗯嗯"地开了口："哥，你看，你的衣领上有一根线头露出来啦，它很不美观哩。"边说边踮起脚帮他拿掉那根露出的线头。

哥哥被感动了，一把抱住了弟弟——这便是弟弟的力量，他的确拙于言辞，但他却不拙于行动，他不会说，但会做。

行动是世界上最美丽的语言。

每当我们指望用语言来刻意装饰和表达什么的时候，为什么不试着用最直接的行动来展现？

风中的落叶

老师在课堂上对学生说："世界上有一种人，他们会在生死关头把生留给别人，而自己选择死。"

阿里从小就害怕死亡这件事，所以，他从来都认为老师在说谎。

有一天，阿里严肃地问妈妈："世界上真的有那种愿意牺牲自己的人吗?"

"当然，孩子，让妈妈给你讲一个故事吧。"妈妈轻轻地对阿里说。

"那是发生在一个建筑工地上的故事。年轻的马丁和科尔是一对好朋友，他们都是建筑工人。一个秋天的下午，他们正在尚未竣工的大楼上干活，那里离地面有几十米高。

突然，他们站立的木板断裂了，一刹那，两个人同时从几十米的高空落下，他们都认为自己肯定完了。

但是幸运的是，一个防护杆拯救了他们。但两个人实在太重了，脆弱的防护杆只能承受一个人的重量，他们中间必须有一个人放开手。然而求生的本能让他们都紧紧地抓住了防护杆。

时间在一点点过去，防护杆开始吱吱作响，眼看就要断了。这个时候，结了婚的科尔含着眼泪对马丁说："马丁，我还有孩子!"

没有结婚的马丁只是静静地说："那好吧!"然后就松开了手，像一片树叶飘向了水泥地面。

"妈妈，真有这样的事情吗？它只是个故事而已吧。"阿里不以为然地说。

"阿里，那个得救的人就是你的爸爸，你爸爸说的孩子，就是你。"妈妈眼里含着眼泪。

空气顿时凝固了，阿里望着妈妈，颤抖地说："马丁叔叔一定是那个秋天最美丽的树叶，是吗，妈妈？"

"是的，那片美丽的树叶现在一定飞上了天堂，上帝也会为他的美丽而感动。"

有许多事情，书本并没有告诉我们怎样去做，但我们的善心和良知却会在必要时指引我们的行动。

在防护杆吱吱作响的时候，马丁只说了三个字。对于友谊，他只用了一个行动来表达。

从哈伦德到肯德基

在美国，所有的人都知道一个名字：哈伦德。

哈伦德的父亲是印第安那州的农民，在哈伦德 5 岁时他就去世了。哈伦德 14 岁从格林伍德学校辍学，开始了流浪生涯。

哈伦德在农场干过杂活，干得很不开心。他当过电车售票员，也很不成功。16 岁通过谎报年龄哈伦德参了军，而军旅生活让他厌倦无比。一年的服役期满后，他去了阿拉巴马州，开了个铁匠铺，不久就倒闭了。

随后哈伦德在南方铁路公司当了机车司炉工。他很喜欢这份工作，以为终于找到了自己的位置。18 岁时他娶了妻子，没想到仅过了几个月的时间，就在他得知太太怀孕的那一天，又不幸被解雇了。

有一天，当哈伦德在外忙着找工作时，太太带着他们所有的财产，悄悄出走了。

哈伦德没有因为屡屡失败而放弃，他不断地失败，也不断地努力着。

大萧条来临了，哈伦德又开始到处寻找工作。他卖过保险，也卖过轮胎。他经营过一条渡船，还开过一家加油站。结果都无一例外地失败了。

不久，哈伦德到考宾一家餐馆当了主厨。要不是一条新的公路刚好穿过那家餐馆，他会一直干下去。

后来，哈伦德又做过很多事情，但每一件事都是半途而废。

很快哈伦德到了退休的年龄，但直到此时，他仍然是一个毫无建树的人。

时光飞逝，眼看一辈子都过去了，而哈伦德却一无所有。

要不是有一天邮递员给哈伦德送来了他的第一份社会保险支票，他还不会意识到自己老了。

政府很同情哈伦德。朋友调侃地对他说：“轮到你击球时你都没打中，如今不用再打了。”

是该放弃、退休的时候了。但那一天，哈伦德突然像被什么激怒了。面对那张105美元的支票，他突然有了一个新的念头：开一家快餐店。

当时哈伦德65岁，但到他88岁高龄时，终于大获成功。

现在，哈伦德开创的事业依然欣欣向荣，他的连锁店遍布全世界，这个店的名字叫做“肯德基”。

哈伦德跟我们大多数人一样，不甘于到退休的时候还一事无成；但哈伦德又跟我们大多数人不一样，一次次的挫败，再加上65岁的年纪并没有成为他放弃继续努力的理由。

产生一个新念头就会产生一个新的希望，在人生的舞台上，击球的机会是自己给的，打不打取决于你的行动，而不是年龄。

当失败打不倒我们的时候，失败就变成了成功。

抓住每一个“今天”

世界知名的约翰·霍普金斯医学院的创始人约翰·奥斯勒爵士，年轻时曾对前途充满忧虑。上学时他总在担心怎样通过期末考试，毕业后又担心怎样才能找到工作，怎样才能生活……种种忧虑使他情绪低沉，彷徨不前。

直到1871年的春天，奥斯勒看到了一本书，其中有一句话使他受到莫大的启示：“最重要的不是要去看远方模糊的事，而是做手边清楚的事。”于是，他开始明白自己应该采取的是行动。从此，奥斯勒“用铁门把过去和未来隔断，生活在完全独立的今天里”，每天都专心致志地处理当天的工作与生活，他认为，为明日准备的最好方法，就是集中你所有的智慧，所有的执著，把今天的工作做得尽善尽美。

这一理念使奥斯勒最终成为那个时代最杰出的医学家，被英皇册封为爵士，被牛津大学医学院聘为客座教授。去世后，人们为奥斯勒写下厚达1466页的传记，以记述他卓越不凡的一生。

底特律城已故的成功商人爱德华·依文斯，在懂得“生命就在生活里，就在每一天和每一个时刻里”的道理之前，也几乎因忧虑而自杀。由于银行倒闭，他不但损失了所有财产，还负债累累。他为此焦虑得吃不下，睡不着，直到重病卧床。不久医生向他下达病危通知，断定他最多只能活两个月。

面对即将来临的死亡，依文斯突然平静下来，放弃了所有挣扎和担忧。他写好遗嘱后，就放心睡觉，放心吃饭，胃口也逐渐好起来。几个礼拜后，他竟然开始恢复了。又过了几个礼拜，他竟然能够工作了。依文斯再也不为过去后悔，也不为将来担忧，而是把所有的精力和热诚都放在每一天的生活中，终于他奇迹般地康复了，而且获得了事业的成功。

现在，如果你乘飞机到格陵兰，一定会降落在依文斯机场——这是为纪念依文斯而命名的飞机场。可是，如果没有学会“生活在完全独立的今天里”这句话，他可能永远也不会获得这样的荣耀。

尽管我们每一个人都活在“今天”里，但却极少有人能拥有“完全独立的今天”。如果我们也能全心全意着眼于今天，“集中你所有的智慧，所有的热诚，把今天的工作做得尽善尽美”，那么无数个美好的“今天”会使你享受到无忧无虑的人生，而无数个独立的“今天”所做的努力，也必定会孕育出一个意想不到的灿烂明天。

“昨天”可以储存我们的回忆，“明天”可以寄托我们的向往。在生命长河里，只有“今天”才能够承载我们的行动。趁“今天”还握在我们手上的时候，让一切愿望赶快付诸行动吧！

斯芬克斯谜语

有一个狮身人面的怪兽，名叫斯芬克斯。它有一个谜语，谜面是："早晨用四只脚走路，中午用两只脚走路，傍晚用三只脚走路。"它向每个路人说出这个谜语，如果猜不出谜底，就会被它吃掉。至今，没有一个人知道这个谜底。

一个年轻人决定去试一试。"你这不是等于去送死吗？"他的朋友们劝他不要冒险，他却坚定地说："我虽然还不知道谜底，但我相信，如果我真的去了，一定会找到答案。"

斯芬克斯见有人来了，非常高兴，照例说出了那条谜语，然后不怀好意地等着年轻人回答。

年轻人看着怪兽，他感到这确实是个难猜的谜语。"快点儿！"斯芬克斯愤怒地张着大嘴吼道，恨不得一口把年轻人吞下。

正在这时，远处的路上走过来几个人：一个拄杖的老者，一个手抱婴儿的妇女。年轻人突然有了灵感，他高兴地叫道："我知道答案了！"

"好吧，我等着你说出来。"年轻人从容地答道："是人。"

怪兽听了万分惊慌，恶狠狠地问道："为什么？"

年轻人说："在生命的早晨，人是一个娇嫩的婴儿，用四肢爬行；到了中午，也就是青壮年时期，他用两只脚走路；到了晚年，他是那样老迈无力，以至于不得不借助拐杖的扶持，作为他的第三只脚。"

斯芬克斯听了答案，大叫一声，从悬崖上跳下去自杀了。

当你无法确定自己到底有没有胆量去做某件事或者有没有能力去做某件事的时候，最好的办法就是：马上就去做这件事！

行动不仅可以消除恐惧，行动还可以激发一个人潜在的智慧。

心态

成就未来的境界

HARVARD FAMILY INSTRUCTION

快乐的油漆匠

比尔在一家汽车公司上班。很不幸，一次机器故障导致他的右眼受伤，不久这只眼睛失明了。

比尔原本是一个十分乐观的人，但现在却成了一个沉默寡言的人。他害怕上街，因为总是有人问他眼睛怎么失明了。

比尔的休假一次次被延长，妻子苔丝负担起了家庭所有的开支，而且还做了一份晚上的兼职。她很在乎这个家，她爱自己的丈夫，她想让全家过得和以前一样。苔丝相信，丈夫心中的阴影总会消除，那只是时间问题。

但糟糕的是，比尔另一只眼睛的视力也受到了影响。在一个阳光灿烂的早晨，当比尔问妻子谁在院子里踢球时，苔丝惊讶地看着丈夫，又看看正在踢球的儿子。以前，儿子即使到更远的地方，他也能看得见。

苔丝什么也没有说，只是走近丈夫，轻轻地抱住他的头。

比尔说："亲爱的，我知道以后会发生什么。我已经意识到了。"苔丝的眼泪刷地流了下来。

其实，苔丝早就知道这种后果，只是她怕丈夫受不了打击，才要求医生不要告诉他实情。

没想到，比尔知道自己要失明后，反而镇静多了，连苔丝也感到奇怪。

苔丝知道比尔能见到光明的日子已经不多，她想为丈夫留下点什么。她每天把自己和儿子打扮得漂漂亮亮，还经常去美容院。在比尔面前，不论心里多么悲伤，苔丝总是努力微笑。

几个月后，比尔说："苔丝，我发现你新买的套裙竟然变得那么旧了！"

苔丝说："是吗？"

说完，苔丝奔到一个比尔看不到的角落，低声哭了。她那件套裙的颜色在太阳底下是多么绚丽夺目。

苔丝想，还能为丈夫留下什么呢？

第二天，苔丝请来了一个油漆匠，她想把家里的家具和墙壁都粉刷一遍，让比尔的心中永远是一个新家。

油漆匠工作很认真，一边干活还一边吹着口哨。干了一个星期，他终于把所有的家具和墙壁都刷得面貌一新。

在这期间，油漆匠也知道了比尔的情况。他对比尔说："对不起，我干得太慢了。不过，终于刷好了，我很高兴。"

比尔说："你天天那么开心，我也为此感到高兴。"

算工钱的时候，油漆匠少算了100美元。比尔说："你少算了工钱。"

油漆匠说："我已经多拿了。一个等待失明的人还那么平静——是你告诉了我什么叫勇气。"

但比尔却坚持要多给油漆匠100美元，比尔说："我也知道了，原来残疾人也可以自食其力，并且生活得如此快乐。"

——油漆匠只有一只手。

人生最大的灾难是心灵的灾难，如果心灵坚强，没有什么能让你流泪。

命运要是夺去了你一只手，你就用另一只手把生活擦亮；如果命运使你看不见别人微笑，那你就自己微笑！

热忱的态度

1907年，法兰克·派特刚转入职业棒球队不久，就遭到有生以来最大的打击，他被淘汰了。因为他的动作迟缓，缺少杀伤力，因此球队经理不得不劝他离开。经理对他说：“你这副有气无力的样子，哪像是在球场打了20年的人？法兰克，将来无论你到哪里做事，若不提起精神，你将永远不会有出路。”

法兰克被辞退后，一位名叫丁尼·密亨的老队员把他介绍到新凡。在那里，法兰克的月薪只有25美元，而过去他的月薪是175美元。不过，法兰克并不气馁，他决心在新凡有一个重要的人生转变。在那个地方，没有人知道他过去的情形，法兰克默默发誓要成为新英格兰最具热忱的球员。为了实现这个愿望，他果断采取了行动。

法兰克第一次上场，就好像全身带电一样。他强力地投出高速球，使接球的人双手都麻木了。有一次，法兰克以强烈的气势冲入三垒，那位三垒手吓呆了，结果球被漏接，法兰克盗垒成功。当时气温高达39℃，法兰克在球场上奔来跑去，在大家强烈的支持下，他挺住了。

这种热忱所带来的结果，真令人吃惊。第二天早晨，法兰克读报的时候，简直兴奋极了。报上说：那位新加入的球员法兰克，像是一个霹雳手，全队的人受到他的影响，都充满了活力。他们不但赢了，而且是本季最精彩的一场赢球。

由于热忱的态度，法兰克的月薪由原来的25美元提高到

185 美元。

在往后的两年里，法兰克一直担任三垒手，月薪最终加到 750 美元。为什么呢？法兰克自己说：“因为我拥有了热忱，没有别的原因。”

后来，法兰克的手臂受了伤，不得不放弃打棒球。他来到菲特列人寿保险公司当推销员。整整一年多，他没有取得任何成绩，因此很苦闷。后来，一个朋友对他说：“你为什么不像打棒球那样做保险？”

一句话让法兰克如梦初醒，他将在新英格兰打球的精神发挥出来，满腔热情投入工作，于是一切又发生了改变。

再后来，法兰克成了人寿保险界的明星。不但有人请他撰稿，还有人请他演讲，介绍自己的经验。法兰克说：“我从事推销已经 15 年了，我见到许多人，由于对工作抱着热忱的态度，他们的收入成倍增加；我也见到另一些人，由于缺乏热忱而走投无路。我深信，唯有热忱的态度，才是成功最重要的因素。”

生活就是一场永远不会结束的棒球赛。

和棒球赛不同的是，在生活这场巨大的球赛中，不管你是否愿意，你必须上场，必须承担赢或者输！

如果无法逃避，我们就勇敢面对。那么，我们就选择挑战！

一切都可能改变

凯瑟整理旧物时，偶然翻出几本过去的日记。日记本的纸张有些发黄了，字迹透着年少的稚嫩。她感到很有意思，就随手拿起一本翻看。

“今天，老师公布了期末成绩，我万万没有想到，自己竟然只考了第五名。这是我入学以来第一次没有考第一，我难过地哭了，晚饭也没有吃。我要惩罚自己，永远记住这一天，这是我一生最大的失败和痛苦。”

看到这里，凯瑟忍不住笑了。她已经记不得当时的情景，也难怪，离开学校后的十几年，她经历了太多的失败与痛苦，哪一个不比当年没有考第一更重大呢?

翻过这一页，再继续往下看。

“今天，我非常难过，我不知道妈妈为什么那样做？她究竟是不是我的亲妈妈？我真想离开她，离开这个家。过几天就要选择大学了，我要申请其他州的大学，离家远远的，我走了以后发誓再不回来!”

看到这里，凯瑟不禁有些惊讶，她努力回忆当年，妈妈做了什么事让自己那么伤心难过，却怎么想也想不起来。又翻了几页，都是些现在看来根本不算什么，可在当时却感到“非常难过”、“非常痛苦”或是“非常难忘”的事情，凯瑟顿觉好笑。

凯瑟放下这本，又拿起另一本，翻开，只见扉页上写道：“献给我最爱的人——你的爱，将伴我一生！我的爱，永远不会改变!”

看了这一句，凯瑟的眼前模模糊糊地浮现出一个男孩的身影。曾经以为他就是自己的全部生命，可是离开校门以后，他们就没有再见面。凯瑟不知道他现在在哪里，在做什么；她只知道他的爱没有伴自己一生，她的爱也早已改变。

凯瑟独自笑了，她不知道究竟是笑自己的过去还是现在。

我们正在经历的任何事情，无论它显得多么重要，在人生的长河里，都不过是一朵小小的浪花。

知道了这一点，我们就应该向远处看，别让眼前的小事遮住了展望未来的目光，阻挡了勇往直前的步伐。

一切都可能改变，无论好事或者坏事。一切都要过去，明天的太阳还会升起。

所以，不要狂笑，也不要哭泣。

忘记昨天的烦恼吧，孩子，只有这样，你才能体会到明天的美好。

三个 3 的故事

一个星期五的晚上，龙卷风横扫了多伦多北部城市巴里。这场灾难造成了许多人死亡，数百万美元的财产被毁。

当天晚上，泰姆卜莱顿正好经过这里，他是一个在安大略省和魁北克省拥有许多家电台的泰利米迪亚通讯技术公司的副总裁，他认为必须利用电台为这些遭受苦难的人提供帮助。

泰姆卜莱顿把泰利米迪亚的所有行政人员都召进他的办公室。在一张活动挂图的顶部，他写了三个“3”。他对那些行政人员说：“从现在开始，你们愿意在 3 天之内抽出 3 个小时，为巴里的灾民筹集 300 万美元吗？”房间里顿时鸦雀无声。

终于，有一个说：“泰姆卜莱顿，你疯了吗？我们无论如何也做不到的！”

泰姆卜莱顿说：“等一下。我没有问你们是否能够做到，或者是否应该，而是问你们是否愿意。”

他们都说：“我们当然愿意。”

听了这个回答，泰姆卜莱顿就在那三个“3”的下面画了一个大大的 T。他在 T 的一边写下：“我们为什么做不到？”然后又在 T 的另一边写：“我们如何去做到？”

“我要在‘我们为什么做不到’这一边画上一个‘×’。我们不用浪费时间去考虑我们为什么做不到，那没有任何价值。我们要在 T 的这一边把‘我们如何去做到’这件事的每一种方法都写下来。除非我们想出了解决这个问题的办法，否则我们就不离开这个房间。”

房间里沉寂下来。

终于有人说：“我们可以在加拿大全境用无线电台播放一个专题节目。”

泰姆卜莱顿说：“这是一个好主意。”然后就把它写了下来。他还没有写完，又有人说：“我们不可能在加拿大全境播放一个专题节目，因为我们的电台频率没有那么大的覆盖率。”他说得非常对，这确实是一个客观存在的问题。他们只在安大略省和魁北克省拥有电台。

泰姆卜莱顿回答说：“那不是‘我们如何去做到’的主题。我们先暂时把它放在这里。”不过，因为各个电台之间通常并不能够协调一致，甚至互相攻击，所以这确实是一个很大的障碍。

突然，有一个人说：“我们可以让加拿大广播公司最有名气的人物柯克和罗宾逊来主持这个专题节目。”这真是一个具有创造力的建议。

3 天后，泰姆卜莱顿和他的同事们成功联络了多家电台，并策划了一个多家电台联合广播的行动。在全加拿大，共有 50 家电台同意参与这个专题节目的联合广播，而且，果然是柯克和罗宾逊主持这个节目。他们终于成功地筹集到了 300 万美元！

一旦确立了一个目标，如果你把精力全部集中于“怎样去做到”而不是“为什么做不到”，情形就会完全不同——你就能攻无不克，战无不胜。

只要我们“愿意”，一切都能做到。

道白者杰西

让杰西永远也忘不了的，是她上三年级时发生的一件事。

学校在排演一个歌剧，杰西被选中扮演剧中的公主。接连几周，母亲都煞费苦心地跟她一道练习台词。可是，无论她在家里表达得多么自如，一站到舞台上，头脑里的词句全都无影无踪。为此，杰西感到非常苦闷。

最后，老师只好把杰西替换下来，为了安慰她，又专门为这出戏补写了一个道白者的角色由杰西表演。尽管如此，杰西还是感到被深深地伤害了。

那天回家吃午饭时，杰西没有把发生的事情告诉母亲。然而，母亲却觉察到了她的不安，所以就没有再提议练台词，而是问她是否想到院子里散散步。

那是一个明媚的春日，棚架上的蔷薇藤泛出亮丽的新绿。母亲来到院角几棵蒲公英前，弯下腰对杰西说：“我们把这些蒲公英统统拔掉吧，你看，它们在这里似乎很不协调。”说着，就准备用力将它们连根拔起。“除掉它们，咱们这庭园里就只有美丽的蔷薇了。”

“可是，我很喜欢蒲公英，”杰西抗议道，“所有的花儿都是美丽的，哪怕是蒲公英!”

母亲表情严肃地打量着杰西。“对呀，每一朵花儿都以自己的风姿给人愉悦，不是吗?”她若有所思地说。

杰西点点头，很高兴自己说服了母亲。

“对人来说，也是如此，”母亲又补充道，“不可能人人都当公主，但那并不值得羞愧。”

杰西想，母亲一定猜到了自己的痛苦。她一边告诉母亲发生了什么事，一边失声痛哭起来。

母亲听后释然一笑。

“你将成为一个出色的道白者，”母亲说，“对于一台戏来说，道白者的角色跟公主的角色一样重要，就像蒲公英同蔷薇花，它们是一样可爱的。”

于是，杰西愉快地担当起道白者的角色，不再因为演不了公主而伤心了。

结果，所有的观众都被杰西的道白感动了，人们不仅记住了她的声音，也记住了她的名字，从此以后，老师和同学们都叫她“美丽的道白者杰西”。

世上有许多事等待我们去做，有大事，也有小事。只要对成功有益的事，我们就要努力去完成。

假如做不了太阳，那就做一颗星星吧！但要尽量使自己明亮；假如不能成为一棵大树，那就做一棵小树吧！但要努力使自己茁壮。不可能每个人都当船长，必须有人来当水手，问题不在于你干什么，重要的是，你能不能做一个最好的你。

假如明天不再来临

玛丽从前是一个谨小慎微，循规蹈矩的人，她习惯于用保守的目光审视生活中的一切，在安排所有事情的时候，都留有余地，以备将来。

可是，自从参加了一个好友的丧礼之后，玛丽几乎完全改变了生活的信念。

就在那天晚上，玛丽省察了自己全部的生活，她发了个誓，不要学“泰坦尼克”号上的那个女人，在大船下沉生死未卜时，才苦恼地哭泣说：“早知道这样，我就把那甜饼、巧克力、奶酪痛快地吃个够。”

玛丽先从那个放满了旧裤袜的抽屉动手，把那些穿不了而且一看就讨厌的旧东西统统扔进垃圾箱。

把放在门厅那支积满了灰尘的玫瑰形大蜡烛点燃烧掉。

还有车窗——有一条5厘米长裂缝的车窗，原来一直要等卖车的时候再修好，现在已经修好了。

玛丽还请苏茜和艾米到家里吃了一顿饭。她们曾在16次宴会上见过面，每次都说“我们该聚一聚”，可是5年过去了，却一直“没有时间”见面。

还有那一大罐橄榄菜也被开了封，因为家里只有玛丽一个人爱吃，以前总是舍不得开，怕吃不完浪费。

玛丽拿出一块贝壳形粉红色的肥皂洗手，丈夫对她说：“我以为你会把它留起来，原来你说，一弄湿它就不像贝壳了。”

玛丽低头看了看一手的肥皂泡，说：“贝壳只是容纳生命的，现在我给它一个机会变得更有价值。”

玛丽决定去银行提出全部存款，然后到非洲做一次长途旅行；她想去艺术学校报名学芭蕾舞，因为这是她多年的夙愿；她想把假花通通扔掉，然后种一片青葱的蔓藤和花草；她还准备把一块块小地毯收起来，让赤裸的脚想踩在哪里就踩在哪里。

玛丽说，她已经开始重新认识生活，她要把每个日子当做一生中最后的一天。

咱俩也去跳一支舞吧，这会让我们的童年变得更加难忘。毕竟，这是一个多么好的夜晚啊！

把每个日子都当做生命的最后一天，我们就不会浪费时光，就不会计较分毫得失，就不会为了虚荣枉费心机，就不会口口声声说：等过些时候……

如果生命还只剩一天，假如明天不再来临，我们还会像原来那样安排我们的生活吗？

打好你的每一张牌

艾森豪威尔是美国第34任总统，他年轻时经常和家人一起玩纸牌游戏。

一天晚饭后，艾森豪威尔像往常一样和家人打牌。这一次，他的运气特别不好，每次抓到的都是很差的牌。开始他只是有些抱怨，后来，他实在是忍无可忍，便发起了少爷脾气。

坐在一旁的母亲看着儿子的表现，正色道：“既然要打牌，你就必须用手中的牌打下去，不管牌是好是坏。好运气是不可能都让你碰上的！”

艾森豪威尔听不进去，依然愤愤不平。于是母亲又说：“人生就和打牌一样，发牌的是上帝。不管你名下的牌是好是坏，你都必须拿着，你都必须面对。你能做的，就是让浮躁的心平静下来，然后认真对待，把自己的牌打好，力争达到最好的效果。这样打牌，这样对待人生才有意义！”

艾森豪威尔此后一直牢记母亲的话，并激励自己去积极进取。就这样，他一步一个脚印地向前迈进，成为中校、盟军统帅，最后登上了美国总统之位。

印度前总统尼赫鲁曾经说过这样一句话：“生活就像是玩扑克，发到什么样的牌是注定的，但赢输却取决于你的打法，而你的打法最后取决于自己的意志和智慧。”

虽然牌是上帝发的，但有一点值得欣慰：它们由我们来打。

牌不会永远坏下去，但心态必须永远都好，否则，一手好牌也会被糟糕的心情打得一塌糊涂。

玛利·韦伯的生活

女作家玛利·韦伯说："不论你爱做什么都可以，但是，你一定要像对待一件艺术品一样努力把它做得完美无缺。"

至于这位女作家自己，她喜欢两样事情：一是大自然，一是文学。她那并不宽敞的园圃内，四季开满了可爱的花卉，她晨昏守望在花径上，内心充满了不可言喻的喜悦。

为了使人分享到她园中的花香，玛利·韦伯常在黎明即起，将一些带露的花朵剪下来，放置在挑筐里，再担到城中去叫卖，往往在午前才能回到家中。

有时在去城里的途中遇到下雨，回来时满身都湿淋淋的，但玛利·韦伯并不在意，一边用帕子拭着她头上的雨水和汗珠，一边笑着对家人说："我已经完成了一件美的工作!"

然后，玛利·韦伯走到她的书桌边，展开纸，拿起笔，开始心爱的写作。才写了没有几行，看着天已将午，她便又匆匆地赶到厨房，将面粉调好，做成饼子，放在火上焙烤。随即，擦擦手上的面粉，又拿起她的笔来。

当玛利·韦伯文思潮涌，写得正起劲的时候，一阵阵的焦味就从厨房里飘了进来。她望着身边的丈夫，带着几分歉意地笑笑，赶紧跑到炉边。丈夫极其体贴，饼子即使烤焦了，他也仍然觉得好吃，因为他深深地了解他年轻的妻子，知道她爱自然，爱文学，同时，更爱他。为了她这种种的"爱"，做丈夫的便轻易地原谅了她——那个可爱的妻子兼愚笨的厨娘。

玛利·韦伯在那样艰苦的环境下，却能生活得那样快乐，完全是由于她的心态与别人不同。穷困到步行数十里到城中去卖花时，繁忙到写几行文稿就要到厨房里去翻看面饼时，她的内心仍不怨不尤，她只说："我已经完成了一件美的工作！"她只向丈夫露出略带歉意的甜美的笑容。

玛利·韦伯懂得生活，了解生活的艺术，倾心于美的、崇高的、有意义的事物与工作，最后，她生活的本身就变成了艺术！破陋的屋子、粗劣的饮食，有什么关系呢？不合时的旧衣裳、繁累的劳作，又有什么关系呢？什么能阻拦住一颗纯真而质朴的心灵，倾注于崇高的美的境界，如同云游鸟逍遥地飞向高空？

用我们的心紧紧贴住生活，用我们的手指抚摸每一寸时光，我们会发现，光彩夺目的日子原来如此绚丽。

生活看起来是很粗糙的，但其实并非如此。一只破碗就能敲出一个音符，一段树枝便能画出一幅图画，人生为何不能成为诗篇？

畅游华盛顿

哥本哈根大学有一名学生叫乔治，有一次他独自到美国旅游。他先到华盛顿，下榻在威勒饭店。

乔治的上衣口袋放着到芝加哥的机票，裤袋中的钱包里放着护照和现金。然而，当他准备睡觉时，却发现钱包不翼而飞，于是他立刻下楼告诉了旅馆的经理。

第二天早上，乔治的钱包仍然不见踪影。只身异乡，他立刻手足无措。打电话向芝加哥的朋友求援？到丹麦使馆报告护照遗失？还是呆坐在警察局里等待消息？

经过一阵思索之后，乔治作出决定：我要看看华盛顿，我可能没有机会再来了，今天的时光非常宝贵。毕竟，我还有晚上飞往芝加哥的机票，还有很多时间处理钱和护照的问题。如果我现在坐在宾馆发愁，时间流逝了，我可能什么也改变不了。

乔治想："我可以徒步进行游览，我还是我，和丢掉钱包之前并没有两样。来到美国，我应该快乐起来，不能把时间浪费在丢失钱包的沮丧之中。"

两天之后，华盛顿警局找到了乔治的钱包和护照，并顺利地还给了他。

回到丹麦之后，人们问起美国之行，乔治觉得最难忘怀的就是徒步漫游华盛顿的时光。他参观了白宫和国家博物馆，观看了华盛顿纪念碑……原来这座城市竟然如此漂亮，但在他预定的旅游计划中，并没有这一项。

如果你失去了太阳，你还有机会看见月亮；如果你失去了月亮，你更容易看见满天繁星；如果星星也没有，你可以享受宁静的夜空。

失去了预料的美好，我们会得到意外的惊喜！生活决不会辜负我们，只要我们不对它灰心失望。

拿破仑·希尔的格言

拿破仑·希尔曾经聘用了一位年轻的小姐当助手，替他整理资料、拆阅邮件，同时也负责回复商务信函。

有一天，拿破仑·希尔口述了下面这句格言，并要求助手用打字机把它记录下来：“记住：你唯一的限制就是你自己脑海中所设立的那个限制。”

她的内心突然划过一道亮光：“这句话很有价值，我要记住它！”原来她总觉得自己只是一个助手，她的工作就是完成上司交付的任务。但现在，她试图改变这种既定的工作模式。

从那天起，拿破仑·希尔发现，他的助手在发生变化。她开始在晚餐后回到办公室，主动从事不属于她而且也没有报酬的工作。她主动把写好的回信送到拿破仑·希尔的办公桌，这些信写得跟拿破仑·希尔口述的一样好，有时甚至更好。

有时，她会委婉地向拿破仑·希尔提一些建议，尽管这种建议是应该由更高层次的职员来提出。有时她还会帮拿破仑·希尔撰写个人文稿，她竟然写得比他的秘书更出色。

她一直保持着这个职位和习惯，直到拿破仑·希尔的一个重要属下辞职为止。拿破仑·希尔开始找人来填补这个空缺时，很自然地想到了她。

此后，她的职位得到不断提升，拿破仑·希尔也多次提高她的薪水。而这一切的实现，只是源于一句不经意的话。

你现在的地位和处境，不是任何其他人强加于你的，是你自己为自己设定的——在你的意识中，你觉得自己就是这样！

如果你不满意你的现在，你就要改变这个设定，然后为这个改变付诸行动。

一句话，可以改变你的观念，但无数个行动，才能最后改变你的命运。

路上的石头

有一个非常聪明的国王，他懂得如何教化自己的臣民，非常注重培养人民的勤勉与善心。

国王常说："如果每个人只抱怨或者期待他人帮自己解决问题，那么好事就不会降临这个国家，上帝只赐福给那些将命运掌握在自己手里的人。"

一天，国王把一块大石头悄悄放在通往皇宫的路中间，然后躲在一边观察会发生什么事情。

首先，迎面来了一个农夫，马车上载满了谷物。"是谁这么粗心大意?"他边说边把马车转向，绕过石头，"为什么这些懒人不把石头移走?"尽管他不断地抱怨其他人的懒惰，却碰都没碰一下那块石头。

过了一会儿，一位年轻的士兵唱着歌走了过来。他心中还想着自己在战场上的杀敌的情景，直到石头差点儿将他绊倒。士兵生气地举起长剑，咆哮着责骂乱放石头的人，但他并没有把石头移走，而是愤怒地跨过石头离开了。

几天过去了，许多人从此经过，却没有人动一动这块石头。

直到一天晚上，一个贫穷的年轻人经过这里。他看到了这块石头，自言自语说："这么黑的天，如果有人经过这里，会被石头绊倒的，我应该把它挪开。"

年轻人开始搬石头，石头很大，他又非常劳累，移动起来很艰难，但是他最终还是将石头移到了路的旁边。让他惊讶的是，石头移开之后，下面竟然有一个大坑，坑里放着一个盒子，上面写着一句话：送给挪开石头的人。年轻人打开盒盖，里面竟然装满了金币！

当农夫、士兵以及其他人听到这个消息后，马上聚集到曾经放石头的地方，他们开始在附近仔细寻找，希望也能发现一枚金币，但他们全都失望了。

国王对他们说："我们经常会遇到各种义务和责任，如果选择绕过，就会失去成功的机会，逃避的代价往往是懊恼和失望。"

艾力克，你把袜子钉在壁炉上烘干合适吗？有没有比这更好的办法呢？

即使看起来与我们无关的事情，我们也不要置若罔闻。对生活的冷漠，会让我们失去很多良机。

网球告诉你的人生哲学

◎球伴的技术越好，你赢的可能性就越大。

◎Love（爱）是网球计分中“零”的意思——成功从“爱”开始。

◎不管你球技多棒，一定有人比你更棒，因此，别骄傲。

◎不管你球技多差，一定有人比你更差，因此，别泄气。

◎你有时赢，有时输，赢球的感觉比较好，但输球可以让你更加清醒。

◎别相信任何一个说他打球的目的不是为了赢的人。

◎一个人不能进行。

◎球赛规则很荒谬——比如它的计分用love，15，30，40。但如果你要玩，就得遵守这些规则。

◎早起的人才能占到球场。

◎你既斗不过天气，也斗不过年龄，因此面对不能控制的事，要处之泰然。

◎风吹歪了你的球，也吹歪对手的球，别找借口。

◎抱怨、发火都不能改变既有的事实和得分。

◎做一个好的球伴比找一个好的球伴更重要。

◎输球后，不管你感觉多窝囊，都别忘了和对方握个手，笑一下。

◎要清楚地知道球场的边缘在哪里。

◎别小气，开一罐自己的新球。

◎运气当然重要，但运气只能帮你赢一分，不能赢一场。

◎要赢球，就得直面你的对手，无论你多么不愿意。

◎有时尽了最大的努力还是不能赢球。

◎比赛要么赢，要么输，没有平手。

◎球打完后就要下场，没有人能永远占着球场。

◎紧要关头，先吸口气，慢下来，再决定下个球怎么打。

◎多集中注意力，少开口，球会打得比较好。

◎准备动作很重要。

◎攻击是最好的防守，洞察先机比全凭反应效果要好。

◎在赢的时候别改变打法。

◎在落后的时候要有耐心，别犯不必要的错误。

◎今天谁输谁赢，明天太阳照样从东方升起。永远记住，这只是一场游戏而已。

◎会用力气没有会用控制力气好。

◎为了赢球而失掉朋友很不值得。

指导生活并不需要很多真理，记住这些话，一生就够了。

关键是，要履行这些话，可能比打好一场网球更艰难。

最好的玉米

奥比太太在她的屋子后面种了一大片玉米。经过几个月的辛苦劳作，眼看就到了收获的季节。

一根颗粒饱满、裹着几层绿色外衣的玉米高兴地说：“收获的那一天，主人肯定首先摘下我，因为我是今年长得最好的玉米!”周围的玉米听了，也都随声表示赞赏。

收获开始了，奥比太太仔细看了看那根最好的玉米，但她却没有把它首先摘走。

“她的眼力可能不太好，没注意到我。明天，对，明天她一定会把我摘走的!”那根最好的玉米自我安慰地想。

第二天，奥比太太又哼着快乐的歌，收走了其他的玉米，可是，这根看起来确实很漂亮的玉米，仍然长在那里。

“明天，老婆婆一定会把我摘走的，一定会!”最好的玉米仍然对自己充满信心。

第三天，第四天，第五天……奥比太太又摘走了好多的玉米，她每次走到这根最好的玉米跟前，总是伸手摸摸它，却没有摘掉它。

地里几乎没剩下多少玉米了，过了好多天，奥比太太都没有来过玉米地，最好的玉米被摘走的希望越来越渺茫了。

一个漆黑的雨夜，最好的玉米才沮丧地自言自语道：“我总以为自己是今年最好的玉米，结果奥比太太根本都看不上我。白天，我要顶着烈日，原来鲜嫩饱满而又排列整齐的颗粒，如今变得干瘪坚硬；夜晚，我要和风雨作斗争，还要抗拒蚊虫的骚扰。也许奥比太太真的不需要我了，也许我并不是最好的玉米!”

不知不觉，黑夜过去了，清晨柔和的阳光照在这根玉米的脸上。当它抬起头，忧伤地睁开眼睛时，一下就看到了站在面前的奥比太太。

奥比太太用温柔的目光看着它，轻声地说道：“这可是今年最好的玉米，它的种子一定会让明年的收成比今年更好!”

这时，最好的玉米才明白，奥比太太不摘走它，是因为它可以做明年的种子，是因为它的确比别的玉米品质更优良。

奥比太太恋恋不舍地把这根玉米抚摸了好一会儿，然后轻轻地摘下它，放进手中的篮子里。

人生总会遇到得意和失意，只有宠辱不惊，才会进退有度，才能够保持宁静的平常心。生活是自己的，不要在别人的评价中，寻找生命的价值。

当没有人欣赏你的时候，就自己为自己鼓掌。

走进星星的世界

一位新婚不久的美国军官接到上级命令，要他火速奔赴一处接近沙漠边缘的基地。

妻子为了能和爱人在一起，执意要陪丈夫一同前去，他们在驻地附近的土著部落找了一座木屋安顿下来。

沙漠的夏天酷热难耐，更糟的是，当地人都不懂英语，连日常的沟通交流都有问题。

过了几个月，妻子实在无法忍受这样的生活，于是写信给她的母亲，诉说生活的种种艰苦。她说她要准备回家，回到繁华的都市中来。

妻子的母亲马上回了封信，她说："有两个囚犯，他们住在同一间牢房，从同一个窗子朝外看，一个看到黑暗的围墙，另一个则看到星星。"

妻子并不是真的想离开丈夫，只是想和母亲发发牢骚罢了。接到母亲的信后，她便对自己说："好吧，让我去把那些星星找出来。"

从此，妻子改变了生活方式，积极地走进当地人的生活里，学习他们的编织和烧陶技术，并迷上了少数民族的部落文化。她还认真地研读许多天文书籍，并运用沙漠地带的天然优势观察星星。几年后，她居然出版了几本关于天体运动的书籍，成了星象天文方面的专家。

"要走进星星的世界。"妻子常常在心底这样跟自己说，如果不是母亲的告诫，她至今看到的还只是沙漠。

从某种程度上说，生活的全部目的无非就是：从荆棘中看见花朵，从雷电中看见闪光，从沙漠里看见星星。

否则，我们就只能看见刺，看见乌云，看见荒凉——这样的生活还有什么意义？

自律

遏制欲望的力量

HARVARD FAMILY INSTRUCTION

中奖的别克轿车

第二次世界大战前，奥里弗家是美国西部某小城唯一没有汽车的人家。他们每天上街买东西，总是坐一辆简陋的二轮柳条车，拉车的是一匹老马。

奥里弗的父亲是个小职员，整天在证券交易所“囚笼”一样的办公室里工作。假如父亲不把一半工资用于医药费或给他的穷苦亲戚们，那么，奥里弗家的日子还勉强过得去。事实上，他们是很穷的人家。

母亲常常安慰孩子们说：“一个人有骨气，就等于有了一大笔财富。生活中怀着一线希望，也就等于有一大笔精神财富。”

奥里弗挖苦地反驳说：“我们只有精神财富，但精神财富并不能帮我们买一辆汽车。”

母亲并不在意孩子们说了什么，她在生活中处处力求俭朴，在她的悉心料理下，生活还是维持下来了。

一件意外的事情把奥里弗因家中没有汽车的羞愧之情一扫而光，激动人心的时刻突然降临了。

几星期后，一辆崭新的别克牌汽车在小城那家最大的百货商店橱窗里展出，这辆车将在节日之夜以抽彩的方式馈赠给得奖者。奥里弗待在人群外面的黑影里，观看开奖前放的焰火，等候着高潮到来。用旗帜装饰一新的别克汽车停放在一个专门的台子上，在十几只聚光灯的照耀下，光彩夺目。人们鸦雀无声地等待市长开启那只装有获奖彩票的玻璃瓶。

不管奥里弗是多么想入非非，但他真的没有想到幸福女神会厚待他们这个唯一没有汽车的人家。扩音器里确实在大声叫着他父亲的名字！奥里弗拼命在人群中往里挤，他看见市长亲自把汽车的钥匙交给了他的父亲，父亲在人们的欢呼声中把汽车缓缓地开了出来。

回到家里，奥里弗正想向父亲道贺，不料，父亲反常的态度却使他大为吃惊。他咆哮道："走开，不要待在这里，让我清静清静！"

奥里弗在起居室里见到母亲，看到他悲伤的样子，母亲说："不要烦恼，你父亲正思考一个道德问题，我们等待他找到适当的答案吧！"

"难道我们中彩得到汽车是不道德的吗？谁说的？"奥里弗迷惑不解地问。

"汽车根本不属于我们，这就是问题的关键。"母亲说。

母亲把事情一五一十跟奥里弗讲了。当初，吉米对奥里弗的父亲说，他买彩券的时候是否可以给自己代买一张，父亲同意了，但过后吉米再也没有想起过这件事。奥里弗的父亲就用自己的钱以自己的名义买了两张彩票，并在一张上——正是中奖的那一张——做了一个小小的记号，表示那是吉米的。

其实，吉米是一个百万富翁，拥有几部汽车，还有两个司机。对他来说，增加一辆汽车简直等于普通人的马具里多一个马嚼子。

奥里弗激动地说："汽车应该归我爸爸。"

但母亲却平静地说："你爸爸知道该怎么做是正确的。"

第二天上午，吉米的一个司机来到奥里弗家，把别克牌汽车开走了。奥里弗与父亲和母亲站在门口，微笑地望着客人离开。

一个人的高尚与卑微，不是由别人的评价来决定，而是由自我的评价决定的；一个人真正的品性不显现在众人瞩目的时候，而是在没有人看得见的时候。

仰视的理由

米德刚刚升入中学时，正是把友谊看得比什么都重要的年纪。可偏偏他长得太引人注目了：他的个子太高了，要比身边所有的同龄人都高得多。身高常常让他倍感孤独，毕竟，有谁愿意一直仰着头和朋友说话呢？

为了不让同学们过于注意他的身高，甚至为了不让有些人取笑他是“傻大个儿”，米德加入了罗克斯的小帮派，他们的目标与乐趣，就是尽可能地给队伍以外的所有人都安上搞笑的绰号。

为了能在队伍中显得“出色”，米德甚至给别人起过一些侮辱性的绰号。起初，那些同学仰起脸来狠狠地瞪他，他们的目光就像鞭子一样抽在他的心上。但在死党们的吹捧和赞扬下，他渐渐麻木，甚至洋洋得意起来，直到有一天他当面侮辱了班杰明。

这个小个子男生连看都没有看他一眼，冷笑着从他身边走过。米德听见班杰明说了这样一句话：“因为鄙视你，所以我懒得抬头。”米德恼羞成怒地刚想转身咒骂他，却看见了站在不远处的父亲，他的脸一下子变得煞白。

父亲对米德的管教一直非常严格，从小就教育他，要像对待自己的兄弟姐妹一样与伙伴们真诚友善地相处。米德以为父亲会狠狠地教训他，然而，父亲却只是走到他面前，十分严肃地对他说了两句话，说完便拍拍他的肩膀走了。

米德一直呆呆地站在原地，好久才发现自己哭了。

第二天，米德非常坚决地退出罗克斯帮派，他不在乎那些不解与嘲弄，他真诚地向自己过去伤害过的每一个人道歉，包括父亲。米德申请加入了校篮球队，一年后，当上了队长。

光阴荏苒，很多年过去了，米德一直都是非常高的个子。从当初那个青涩的男孩到现在略显啤酒肚的大叔，他永远要比同龄人高出许多。但个子不是问题，米德的朋友们很喜欢和他在一起，他们常常仰起脸来对他露出会心的微笑。米德的儿子个子也很高，当这个小家伙开始为自己的高个子烦恼时，米德就会一遍又一遍地告诉他两句话，也就是父亲当年对他说的那两句话："你只有尊重人，才会得到别人的尊重。既然大家都要仰起头和你说话，请你给他们一个仰视你的理由。"

有的人很高，别人不得不把头仰起来和他说话；有的人很矮，但别人会把心仰起来和他说话。如果要人仰视，一定要让他们仰视得心悦诚服。

鲍勃闯了一次红灯

一个夜晚，天下着大雪。德国人鲍勃抱着侥幸心理驾车闯了红灯，结果被一个睡不着觉的老太太发现了。

没隔几天，保险公司的电话就到了："你的保费从明天开始增加 1%。"

"为什么？"鲍勃大惑不解。

"我们刚刚接到交通部门的通知，说你闯过红灯。根据我们的经验，这种人很危险，所以我们必须提高你的保费。"

鲍勃心想，如果这样我就退保，投保另一家保险公司。但当他找到别的保险公司时，那家公司也提出同样的要求——他的保费必须比别人多 1%。原来，全德国的保险公司通过网络都知道他有一次闯红灯的不良记录，所以任何一家保险公司都会这样做。

没过多久，鲍勃的太太问他："老公，银行突然通知我们购房分期付款从 15 年改成 10 年，到底发生了什么事？"

鲍勃打电话去质问原因，对方客气地答道："实在对不起，因为你前几天闯过红灯。"

太太生气地说："啊！闯红灯？我们家已经没有钱了，还发生这种事情，你自己想办法吧！"

不久，鲍勃的儿子从学校回来对他说："爸爸，老师要我把学费用现金送过去，不能再通过支票分期预付了。"

当儿子得知这一切都是因为爸爸闯红灯造成的时，感到不可思议："啊，爸爸你闯红灯！难怪同学们都笑我，下礼拜我不想去学校了，真丢脸！"

不幸的是，鲍勃的上司也找他谈话了，要求他更换一个工种，因为原来的工作需要很高的责任心。虽然鲍勃过去一直干得很好，但现在他必须让位给其他人——没有人相信他会始终兢兢业业。

这个德国人最终陷入了困境，只是因为他闯了一次红灯。

一个不能约束自己的人是非常可怕的。如果你有一次违背规则，别人就有十足的理由认定，你还会再一次违背规则，况且，谁知道你下一次会做出什么更严重的事情？

和一个不能自律的人在一起，就像和一匹狼、一只虎在一起同样危险。一个人失去自律，就会失去诚信，失去责任，失去规则。

米雪尔，你已经长大了，当爸爸妈妈不在家的时候，当玩具和游戏诱惑你的时候，你能够学会管理自己吗？

父爱的磨炼

在美国，有这样一个年轻人，他是个大学生，每逢学校过礼拜或放假，他都得赶到父亲开设的工厂去上班。他用打工的工资去偿还父母为他垫付的学费和伙食开支。在工厂，他跟其他工人一样，排队打卡上下班，月底就凭记工卡和工作量结算工资。有一次，他因候车晚点而迟到了两分钟，那个月的奖金就被扣除一半。

终于熬到了大学毕业，他以为自己可以接管父亲的公司了，可父亲不但不让他接管公司，而且对他的工作更加苛刻。他想不明白，作为一家公司的董事长，家里并不缺钱，并且还经常捐款支持福利事业，可是父亲为什么却舍不得多给他一分钱。他终于被父亲逼出了家门，他恨恨地想，他肯定不是自己的亲生父亲。

这个年轻人想去银行贷款做生意，可父亲坚决不给他担保，于是他只得去给别人打工。打工期间，因为复杂的人际关系，他被人挤出了公司。失业后，他将打工积累的一点资金用来开了一家小店。小店的生意不错，不久他自己开了一家小公司，小公司慢慢地变成了大公司。

令这个年轻人万分心痛的是，公司因为经营不善最后倒闭了。但他没有灰心丧气，决心咬紧牙关、挺起胸膛从头再来。就在他振作精神准备再干一番事业的时候，父亲出人意料地找到了他，并决定让他来经营家族的公司。父亲说：“孩子，你虽然跟几年前一样，依然没有金钱，但你拥有了一段可贵的经历，这段经历对你来说是一场苦难的磨炼，拥有了这段经历，你就会珍惜自己的公司，而且会把它管好。

这个年轻人果然不负期望，将一家规模不大的公司发展成了今天全球瞩目的星级公司，他就是伯克希尔公司总裁，有着“美国股神”称号的沃伦·巴菲特。

受父亲的影响，沃伦·巴菲特一生节俭，谨慎从事。他经常穿着旧西服，钱包是旧的，汽车也是旧的，甚至他住的房子也是旧的。他现在拥有350多亿美元的资产，是个真正的富翁，数十年来，他从不向银行借贷，负债几乎为零。

沃伦·巴菲特的父亲是世界上最好的父亲，看起来他是在严格考验儿子，实际上是在严格考验自己。

一个爱儿子的父亲，如果让自己的爱失去原则，那就是对神圣父爱的亵渎，就是对爱的不负责。爱也是需要约束的，否则它会成为毒药。

放掉这条鲈鱼

11岁那年，比尔随父亲到新罕布什尔湖度假。那里景色迷人，是绝佳的垂钓胜地。

在鲈鱼节到来的那一天，比尔和父亲早早吃过晚饭，就扛着钓竿赶往湖边。在这里，鲈鱼非常珍贵，但只有在一年一度的鲈鱼节，人们才可以钓鲈鱼。

比尔跟父亲在傍晚时开始放线，鱼饵划破水面，在夕阳照射下，水面泛起一圈圈涟漪。随着月亮在湖面升起，涟漪化作粼粼银光。

比尔静静地坐在湖边等着。当渔竿弯折成弧形时，他知道一定有大家伙上钩了。父亲向他投来赞赏的目光，看着儿子怎样钓起那条大鱼。

终于，比尔小心翼翼把精疲力竭的鱼拖出水面。那是一条他从未见过的鲈鱼！

趁着月色，父子俩望着那条神气漂亮的大鲈鱼。它的腮不断张合，比尔的双眼也兴奋地一眨一眨。父亲看着手表，是晚上10点——离鲈鱼节到来的时间还有两个小时。

"孩子，恭喜你！但你必须把这条鱼放掉。"父亲说。

"为什么？"比尔很不情愿地嚷起来。

"现在还不是鲈鱼节，放掉它，你还会钓起别的鱼。"

"但不会有这么大，况且这是鲈鱼呀！"比尔继续叫道。

比尔朝湖的四周看看，月光下没有渔舟，附近也没有钓客。

他恳求地再次望着父亲。

父亲沉默了一会儿，说："虽然没有人见到我们，也不可能有人知道这鲈鱼是什么时候钓到的。但是我们自己知道，我们不能做自己知道是不对的事情。放掉吧，听我的话，没有什么比这更重要!"

比尔很不情愿，但从父亲斩钉截铁的口气中知道，这个决定丝毫没有商量的余地。他只好慢吞吞地从鲈鱼的唇上取下鱼钩，把鱼放进水中。

那条鱼摆动着强劲有力的身子游走了。比尔心想：我这辈子休想再见到这么大的鲈鱼了。

那是34年前的事，今天，比尔已成为一名卓有成就的建筑师。果然不出所料，那次以后，他再也没钓到过那个晚上那么棒的大鱼了。可是，这条大鱼却一再在他的眼前闪现。每当遇到道德课题的时候，他就看见了这条鱼。

两个小时，一条鲈鱼，一个孩子，一个夜晚……不能再平凡的一件小事。

对一般人来说，两个小时可以忽略，一条鲈鱼可以忽略，一个孩子可以忽略，一个夜晚可以忽略……然而，对一个父亲来说，此时此刻，如果他忽略了这一切，就等于忽略了孩子未来的一生。

副总统不是总统

美国前总统乔治·布什是个原则性很强的人，他在工作中始终坚持“一就是一，二就是二”。比如，他认为空军 1 号就是空军 1 号，空军 2 号就是空军 2 号，“只有总统乘坐的飞机才能在白宫的南草坪上着陆”。

1981 年春天，时任副总统的布什正在例行公务飞行的“空军 2 号”飞机上。突然，他接到国务卿黑格从华盛顿打来的电话：“出事了，请你尽快返回华盛顿。”

从几分钟后的一封密电中得知，总统里根中弹，正在华盛顿大学医院的手术室里接受紧急抢救，“空军 2 号”立刻调头飞向首都华盛顿。

飞机在安德鲁斯着陆前 45 分钟，布什的空军副官约翰·马西尼中校来到前舱，为结束整个行程做准备。飞机缓缓下滑时，马西尼突然想出了个主意，他说：“如果按常规在安德鲁斯降落后，再换乘海军陆战队直升机，抵达副总统住所附近的停机坪着陆，再驾车驶往白宫，要浪费许多宝贵时间。我们不如直接飞往白宫，在南草坪上着陆。”

布什考虑了一下，决定放弃马西尼提议的这个紧急到达的计划，仍按常规行事。

“我们到达时，市区交通正处于高峰时期，”马西尼提醒道，“街道上的交通很拥挤，坐车到白宫要多花 10 到 15 分钟的时间。”

“也许是这样，但是我们必须这样做。”布什说。

马西尼点点头：“是的，副总统先生。”说着走向舱门。

看到马西尼中校显得疑惑不解，布什解释道：“约翰中校，只有总统乘坐的飞机才能在南草坪上着陆。”布什坚持着这条原则：“美国只有一个总统，副总统不是总统。哪怕在特殊情况下，也应该遵守规则，无论总统、副总统还是普通民众。”

贪欲首先会让人失去理智，然后又失去自尊。

知道自己该做什么，更知道自己不该做什么，这就是伟人的伟大之处！

多一分限制，就多一分余地；多一分克制，就多一分自由。

贝利永远不抽烟

被人们称为“黑珍珠”的巴西足球运动员贝利，自幼酷爱足球运动，并很早就显示出超人的才华。

有一次，小贝利参加了一场激烈的足球赛，累得喘不过气来。休息时，他向同伴要了一支烟，得意地吸起来，嘴里还吐出一缕缕淡淡的烟雾。小贝利有点陶醉了，似乎刚才的疲劳也顿时烟消云散。

这一切，全被父亲看到了，父亲的眉头皱起了一个疙瘩。晚上回到家，父亲没有问他今天球打得如何，而是首先问道：“你今天抽烟了，是吗?”

“抽了。”小贝利意识到自己做错了事，红着脸，低下头准备接受父亲的训斥。

但是，父亲并没有发火。他从椅子上站起来，在屋里来来回回走了好半天，才平静地对小贝利说：“孩子，你踢球有几分天资，也许将来会有出息。可是，你现在却抽烟了，抽烟，会损坏身体，使你比赛时发挥不出应有的水平，你会因此而毁掉前程。”

小贝利的头更低了。父亲又语重心长地说：“作为父亲，我有责任教育你向好的方面努力，也有责任制止你的不良行为。但是，是向好的方向努力，还是向坏的方向发展，最后做决定的人是你自己。我只想问问你，你是愿意抽烟呢？还是愿意做个有出息的球员呢？孩子，你该懂事了，自己选择吧!”

父亲从口袋里掏出一叠钞票递给贝利，继续说："如果你不愿意做一个有出息的运动员，执意要抽烟的话，这点钱就作为你买烟的经费吧！"父亲说完便走了出去。

望着父亲远去的背影，仔细回味着父亲恳切的话语，贝利哭了，他哭得很伤心，过了好久才止住抽泣。他猛然醒悟了，拿着钞票跑出去还给父亲，并坚决地说："爸爸，我向您发誓，再也不抽烟了，我一定要当个有出息的运动员。"

从此以后，贝利再也没抽过一次烟。他刻苦训练，球艺飞速提高，15 岁参加桑拖斯职业足球队，16 岁进入巴西国家队，并为巴西队永久占有"女神杯"立下奇功。如今，贝利已成为拥有众多企业的富翁，但他仍然不抽烟，而且他保证，永远都不抽烟。

法国启蒙思想家圣西门，少年时经常为早晨起床而烦恼，因为温暖的被窝实在太诱人了。为了激励自己，他让仆人每天一大早来到床前大声向他喊："伟大的事业在等待着你！"在这句话的感召下，圣西门改掉了睡懒觉的毛病，成为著名的学者和伟大的思想家。

能控制自己的人才能控制命运。贝利和圣西门就是最好的例子。

正义的警察

服务于英国警界已30多年的尼格尔·柏加，在国际退役警务人员协会日内瓦周年大会上，荣获“世界最正义警察”的美誉。

尼格尔·柏加，现年54岁。有一次，他到英格兰风景如画的湖泊区度假，当他发现自己在时速30英里区域内以时速33英里驾驶之后，马上给自己开了一张违例驾驶传票。他回忆道：“由于当时见不到其他警员在场，无人抄牌，最简单的办法莫过于把车停在路旁，走下车，写一张传票给自己。”

到达市区后，尼格尔立刻将此事报告交通当局。主管违例驾车案件的法官起初大感意外，继而大受感动。他说：“我当了多年法官，从未遇到过这样的案件。”结果，他判罚尼格尔25英镑罚款。

尼格尔另一件为人乐道的往事是关于他母亲的。一次尼格尔的母亲在公园散步时，不经意地从树上摘了一朵鲜花作为帽饰，不巧被正在值勤的儿子发现了，尼格尔毫不留情地把母亲当场拘控。罚款确定以后，他立刻替母亲交付了那笔钱，并诚恳地向母亲解释说：“你是我母亲，我爱你，但你犯了法，我有责任像拘控任何其他人一样拘控你。”

尼格尔的妈妈不仅没有责怪儿子，相反，她为此感到非常骄傲。此后，每当她向别人谈起尼格尔的时候，就一定要讲起这个故事。

正义就是这个世界的良心。如果天地没有正义，春天就没有花朵，秋天就没有果实；如果人类没有正义，善就得不到宣扬，恶就得不到惩罚。

有尼格尔这样的人存在，我们就有理由对这个世界充满信心。

18 公里的成长之路

肯迪成长在西班牙南部一个叫伊斯蒂普纳的小区里。16 岁那年的一个早上，父亲让肯迪开车载他到一个叫米加斯的村庄——大概 18 公里外的一个地方，然后让他把车开到附近一个加油站去加油。那时候肯迪刚刚学会开车，并且几乎没什么机会可以用车，所以他毫不犹豫地就答应了。

肯迪开车把父亲送到了米加斯，说好下午 4 点再去接他，然后自己去了附近的一个加油站，把车停在了那里。因为还有好几个小时的空余时间，肯迪决定去加油站附近的剧院看场电影。他完全沉浸在影片的情节之中，以至于忘记了时间。等最后一部影片结束的时候，他看了看手表：已经下午 6 点。他迟了整整两个小时！

肯迪想，父亲如果知道自己一直在看电影的话，一定会非常生气，他肯定以后不会再让我开车了。于是肯迪决定告诉父亲，是车出了一些毛病，修理花了太长的时间。

肯迪把车开到了约定的地点，父亲正坐在一个角落里耐心地等待着。肯迪首先为迟到道了歉，再告诉父亲说，本来是想尽可能快地过来，但是车出了点毛病。

“你迟到了，我可以原谅。但对于你撒谎这一点，我感到非常失望。”肯迪永远不会忘记那一刻父亲的眼神。

“噢，你说什么呀？我讲的全都是实话。”肯迪为自己狡辩着。

父亲又看了肯迪一眼，然后说："当你没有按时出现的时候，我就打电话给加油站，他们告诉我，你一直没有过去取车。所以，我知道车根本没有任何毛病。"一阵负罪感顿时袭遍肯迪全身，他无奈地承认了去看电影的事实，以及迟到的真正原因。父亲专心地听着，一阵悲伤掠过他的脸庞。

"我很生气，不是对你，是对我自己。因为我已经认识到，作为一个父亲我其实是很失败的，如果这么多年你仍然感觉你必须对我撒谎的话，是因为我没有告诉你，每个人必须说真话的重要性。我现在要走回家去，并对我这些年做错的事情进行反省。"

"但是父亲，从这儿到家有整整18公里。天已经黑了，你不能走回去!"肯迪抗议道，但他的道歉以及后来所有的劝慰都成徒劳。

父亲开始沿着尘土弥漫的道路行走。肯迪迅速跳到车上紧紧地跟着，希望他什么时候突然回心转意停下来。一路上肯迪都在祈祷，不停告诉父亲自己是多么难过和抱歉，但是父亲根本不予理睬。

父亲继续沉默着、思索着，脸上写满了痛苦。整整18公里的行程，肯迪一直开车跟着他，时速大约为每小时5公里。看着父亲遭受肉体和情感上的双重痛苦，这成了肯迪面对过的最令人难忘的经历。

然而，这却是最成功的一课，自此以后，肯迪再也没有对父亲说过谎，也没有对其他任何人说过谎。

每个人从小就必须知道对自己负责，对别人负责，对承诺负责。

你不对生活负责，生活就会对你放弃。

犹太长老的痛苦

一位犹太教长老，酷爱打高尔夫球。在一个安息日，他觉得球瘾来了，很想去挥挥杆。但犹太教义规定，信徒在安息日必须休息，什么事都不能做。

这位长老终于没有忍住，决定偷偷去高尔夫球场，他想："就打 9 个洞好了。"

由于安息日犹太教徒都不出门，球场上一个人也没有，因此长老觉得不会有人知道他违反了规定。

然而，当长老打第 2 洞时，却被天使发现了，天使生气地到上帝面前告状，说某某长老不守教义，居然在安息日出门打高尔夫球。上帝听了，对天使说："放心吧，我会好好惩罚这个长老。"

第 3 个洞开始，长老连续打出超完美的成绩，几乎都是一杆进洞。长老兴奋莫名，到打第 7 个洞时，天使又跑去找上帝："上帝呀，您不是要惩罚长老吗？为何还不见有惩罚？"上帝说："我已经在惩罚他了。"

直到打完第 9 个洞，长老都是一挥而就。因为打得太神乎其神，长老决定再打 9 个洞。天使又去找上帝了："到底您的惩罚在哪里？"上帝只是笑而不答。

打完 18 个洞，成绩比任何一位世界级的高尔夫球手都要优秀，这可把长老乐坏了。天使很生气地问上帝："难道这就是您对长老的惩罚吗？"

“过一会儿你就知道了，”上帝说，“你想想，他有这么惊人的成绩以及兴奋的心情，却不能跟任何人倾诉，这不是最好的惩罚吗？生活需要伴侣，快乐和痛苦都要有人分享。没有人分享的人生，无论面对的是快乐还是痛苦，都是一种惩罚。”

结果真如上帝所料，长老回去之后，心情久久不能平静，他很想对别人讲讲打高尔夫球的事，但又不敢开口。最终，在他向众人布道时，还是忍不住顺口说出了真相：“我在安息日，打了一场漂亮的球……”因此，众人废除了他的职务。

亲爱的卡尔，你已经有了礼物，你应该把这块大面包让给姐姐。要记住，知足的孩子才会幸福。

没有节制的快乐，是最危险的人生陷阱。

洛克菲勒三世的零用钱

美国石油大王小约翰·D·洛克菲勒，一生为公益事业捐献了5000多万美元。他曾经出资修缮凡尔赛宫，建造了阿卡迪亚和格兰德顿国家公园，并捐献地皮给联合国在纽约设立的总部。

但在这里，我们要看到的是他在1920年5月1日写给儿子——约翰·D·洛克菲勒三世的一封信。小约翰·D·洛克菲勒当时46岁，在信里，他对14岁的儿子提出了一系列财政要求。信的全文如下：

爸爸和约翰的备忘录——零用钱处理细则：

1. 从5月1日起，约翰的零用钱起始标准确定为每周1美元50美分。

2. 每周末核对账目，如果当周约翰的财政记录让父亲满意，下周的零用钱上浮10美分，但最高零用钱金额可等于但不超过每周2美元。

3. 如果当周约翰的财政记录不合规定或无法让父亲满意，下周的零用钱下调10美分。

4. 在任何一周，如果没有可记录的收入或支出，下周的零用钱保持本周水平。

5. 如果当周约翰的财政记录合乎规定，但书写或计算不能令爸爸满意，下周的零用钱适当减少。

6. 爸爸是零用钱水准调节的唯一评判人。

7. 双方同意，至少将20%的零用钱用于公益事业。

8.双方同意，至少有20%的零用钱用于储蓄。

9.双方同意，每项支出都必须清楚、确切地记录。

10.双方同意，未经爸爸、妈妈或家庭教师斯格尔思小姐的同意，约翰不可以私自去商场购买任何商品。

11.双方同意，如果约翰需要购买零用钱使用范围以外的商品时，必须征得爸爸、妈妈或斯格尔思小姐的同意。找回的零钱和商品发票、找零的收据必须在商品购买的当天晚上交给资金的给予方。

12.双方同意，约翰不得向家庭教师、爸爸的助手和其他人要求垫付资金。

13 约翰存进银行账户的零用钱，如果超过20%（见细则第八款），爸爸将向约翰的账户补加与超过部分同等数量的存款。

14.以上零用钱公约细则将长期有效。以上协议经双方同意并执行。

小约翰·D·洛克菲勒（签名）

约翰·D·洛克菲勒三世（签名）

金钱没有品性，但它会赋予人一种品性：对金钱的节制，可以使一个人变得高贵；对金钱的贪婪，可以让一个人变得卑贱。

金钱不是魔鬼，但它是一个魔术师。它可以把你的幸福变为痛苦，也可以把你的痛苦变为幸福。

小洛克菲勒想让儿子知道：钱是生活的一个部分，但生活不是钱的一个部分。

威灵顿公爵的道歉

1815年6月，威灵顿公爵统率反法联军在滑铁卢大败拿破仑军队，因此声名大振。但他回到英国后并没有因此而自恃功高，仍旧谦虚待人。

长久以来，他很想买下一块空地，可是由于一直在前方作战，总没有时间料理此事。现在，他解甲归田了，于是就让部下去跟土地的主人商议买卖事宜。

由于主人正好缺钱，加上知道买主是赫赫有名的威灵顿公爵，双方很快就成交了。

当部下兴冲冲地回报事情已经办妥时，威灵顿问："你用了多少钱？"部下说："本来那块地应该值1500英镑，但我用1000英镑就买下来了。因为他知道是公爵您要买那块地，所以愿意廉价出让。"

威灵顿听了报告，立刻打断下属的话，并斥责道："难道你把我的名誉就以500英镑的价钱贱卖了吗？难道就因为我是威灵顿公爵，就可以不讲公道吗？"

第二天，威灵顿立即派人给土地的主人补送了500英镑，并写了一封信诚挚地向对方道歉。

不因小善而不为，不因小恶而为之。拥有不该得到的东西，可以使小人高兴；放弃不该得到的东西，可以使君子快乐。

黄金装饰的枷锁

20世纪70年代的一天夜里，伦敦某炼金厂被人盗走了8块金锭。那天，所有进入过厂区的人都受到严格的盘查，对重点怀疑对象，警方还到他们的住处进行了搜索，但是没有查到任何结果。那8块金锭像是自己长了翅膀，飞得无影无踪，不知去向。

30年过去了。有一天，一位老人拿着几片金屑来银行兑换现钞，一下子引起了银行职员的怀疑，因为金屑的纯度极高，一般民间私藏金器不可能达到这样的纯度。警方据此展开侦查，最后在老人家中的墙壁里找到了8块金锭，正好就是30年前炼金厂失窃的那8块。

30年前，老人正好是炼金厂的治安警官，谁也没有想到，窃贼竟然是他！

这位名叫邦德的老人被逮捕了，入狱的那一天，他长长舒了一口气，第一次安心地睡了一觉。自从将那8块金锭弄到手之后，他从来没有过上一天安宁的日子。

30年前，邦德先是把金锭藏在家里，为此日夜惊魂不安，一听到有人敲门，心里就"扑通扑通"直跳，经常梦见金锭被人查出，自己被警察抓走。

后来，他又把金锭埋到附近小区一个垃圾站的地下，但回来后心里更不踏实：万一被人发现，岂不是白忙一场？于是他又把金锭搬回来，只要有一点儿风吹草动，他就把金锭埋到别的地方。如此反反复复，不知折腾了多少回。

终于熬到头发也白了，人也老了，他的妻子也死了。邦德想：为几块金锭我受了这么多年惊吓，究竟得到了什么？金锭再值钱，不把它兑换出去，不过是废物一堆。于是，邦德开始日夜琢磨，如何把金子换成钱。他曾想找黄金走私贩，但找来找去没有找到保险的人；他也曾试图把它们扔掉，得到彻底解脱，但又不甘心。

于是，邦德打算冒一次险，通过银行将金锭换成英镑。他以为，这么多年过去了，一定不会还有人记得这件事，可结果他还是没有侥幸逃脱。

莎士比亚说："黄金铸成的枷锁是最沉重的。"我们从老邦德身上看到了一个活生生的例子，他的枷锁不是从锒铛入狱的那一天开始的，而是30年以前就戴上了，从年纪轻轻一直戴到老死狱中……

上帝通常这样实施对人的惩罚：先让你产生一个荒谬的欲望，然后让你为了这个欲望而疯狂，当你疯狂之后，就会肆意妄为，最后便自我毁灭。

人只有放弃了贪婪，才能真正获得宁静和平安。

大度

容纳天地的胸怀

HARVARD FAMILY INSTRUCTION

邻居家的往来

从前，苏伯比亚小镇有一对邻居，一个叫汉斯，一个叫吉姆——但他们不是什么好邻居，虽然谁也记不清到底是为什么，但事实是，他们彼此都不喜欢对方。

他们之间时有口角发生，尽管在院子里开剪草机修整草坪时，车轮常常碰在一起，但多数情况下双方连招呼也不打。

有一年夏天，乔治和妻子外出度假两周。开始，吉姆和妻子并未注意到他们走了，本来两家势如水火，注意他们干什么？没看见他们反而清静。

一天傍晚，吉姆注意到乔治院子里的草已经很高了。自家草坪刚刚修剪过，两相比较，看上去特别显眼。

对于过往的行人来说，乔治和妻子很显然是不在家的，而且已离开很久了。吉姆想，这等于公开邀请夜盗入户，于是一个想法像闪电一样攫住了他。

吉姆又一次看着那杂乱无章的草坪，但心里真不愿去帮自己不喜欢的人。不管这种想法是多么坚定，可要去帮忙的念头却挥之不去。第二天早晨，吉姆起了个大早，趁自己还没有开始犹豫的时候，就把那块长疯了的草坪修剪好了！

几天之后，乔治和妻子度假回来了。他们回来不久，吉姆就看见乔治在街上走来走去，他在整个街区每所房子前都停留过。

最后他敲了吉姆家的门，吉姆开门时，乔治站在门外盯着他，脸上露出奇怪和不解的表情。

过了很久，乔治才说话。“吉姆，你帮我剪草了？”他问道。这是他很久以来第一次叫吉姆的名字。“我问了所有的人，杰克说是你干的，是真的吗？是你给我剪草了吗？”他的语气几乎像是在责备。

“是的，乔治，是我。”吉姆说。

乔治站了片刻，像是在考虑要说什么。最后他用低得几乎听不见的声音嘟囔着说了声“谢谢”，马上急转身走开了。

乔治和吉姆之间就这样打破了沉默。他们还没发展到在一起打高尔夫球和保龄球的地步，他们的妻子也没有为了借点儿糖或是闲聊而频繁地走动，但他们的关系却在改善。至少，当剪草机开过的时候，他们相互之间有了笑容，有时甚至还会说一声“你好”。

说不定什么时候他们会在一起聊天，谁知道呢？他们或许会分享同一杯咖啡，这只是迟早的事情。

人与人之间从来没有融化不了的坚冰，一次相遇的微笑就可以尽释前嫌，一声善意的问候就可以消除积怨。

在这种僵持的关系中，谁迈出第一步，谁就是胜利者，因为他战胜了狭隘和自我，展示了勇气和力量。

国王的三个大臣

从前，有一位年老的国王，他决定不久以后将王位传给一个年轻有为的大臣。

一天，国王把三位同样优秀的大臣叫到跟前说："我老了，决定把王位传给你们中的一个，但你们必须到外面去游历一年。等一年后回来的时候，你们要告诉我这一年内所经历的一切。只有那个真正做过高尚事情的人，才能继承我的王位。"

一年过去了，三位大臣回到了王宫，他们把自己这一年来在外面的收获一一告诉了国王。

第一位大臣说："我在游历期间，曾经遇到一个陌生人，他十分信任我，托我把他的一袋金币交给他住在另一个村庄的亲戚。当我游历到那个村庄时，就把金币原封不动地交给了那个人。"

国王说："你做得很对，但诚实是你做人应有的品德，不能称得上是高尚的事情。"

第二位大臣接着说："我走到一个小镇，刚好碰上一伙强盗打劫，我冲上去帮村民们赶走了强盗。后来我还帮他们组建了一支自卫队，以保证那里的长治久安。"

国王说："你做得很好，但临危救人是你的责任，这也称不上是高尚的事情。"

第三位大臣迟疑地说："我曾经有一个仇人，他千方百计地想陷害我，有好几次，我差点就死在他的手上。在这次旅行中的一个傍晚，我独自骑马走过一道悬崖，发现我的仇人正倒在悬崖边的一团草丛里，如果一翻身，他就会掉入万丈深渊。原来他是经过长途跋涉饿昏在这里的。我叫醒他，给了他一些食物和水，然后带着他一起继续赶路。

后来，当我下马准备涉过一条大河时，一只猛兽突然从旁边的树林里蹿出来扑向我，正在危急时，我的仇人从后面追赶过来，奋力驱走了猛兽。我问他为什么要救我的命，他说，你救我在先，是你的仁爱化解了我的仇恨……我就做过这样一件特殊的事，其实它也不算什么高尚的事。”

“不，孩子，能帮助自己的仇人，而且化敌为友，这是一件十分了不起的事情，”国王严肃地说，“孩子，从今天起，我就把王位传给你。”

山谷能容纳洪流，那是大度；天空能容纳雷电，那是大度；大海能容纳波澜，那是大度；人能容纳仇敌，并能化敌为友，那才是真正的大度。

人生来并无怨恨。友情是我们自己制造出来的，仇恨也是我们自己制造出来的。

制造仇恨，得到敌人；制造友情，得到兄弟。

居里夫人的放弃

1920年5月的一个早晨，一位名叫麦隆内夫人的美国记者，几经周折终于在巴黎实验室里见到了镭的发现者居里夫人。端庄典雅的居里夫人和异常简陋的实验室，给这位美国记者留下了难忘的印象。此时，镭已经问世18年了，它当初的身价曾高达75万法郎。美国记者由此推断，仅凭专利技术，应该早已使眼前这位夫人富甲一方了。

但事实上，居里夫妇早在18年前就放弃了镭的专利权，不仅如此，她还毫无保留地公布了镭的提纯方法。对此，居里夫人异常平淡地解释说："没有人应该因为镭致富，它是属于全人类的财产。"

麦隆内夫人困惑不解地问："难道这个世界上就没有你最想要的东西吗?"居里夫人依然平静地答道："有，一克镭，因为我现在的研究需要它。可是，18年后的今天，我买不起，它的价格实在太贵了。"

这出乎意料的回答，使麦隆内夫人既感惊讶又很不平静。镭的提纯技术已经使世界上许多人腰缠万贯，而镭的发现者却困顿至此！她立即飞回美国，打听出一克镭在美国当时的市价为10万美元，于是她找到10位女富豪——相信同是女人，她们一定会解囊相助。万万没想到，麦隆内夫人却碰了壁。这使她意识到，这不仅仅是一次金钱的捐助，更是一场呼唤公众理解科学、弘扬科学家高尚品格的社会教育。于是，麦隆内夫人在全美奔走宣传此事，最终获得了成功——1921年5月20日，美国总统将公众捐献的一克镭赠与居里夫人。

居里夫人的一生，因取得了非凡的科学成就共获得过10项奖金、16枚奖章、107个名誉头衔、两次诺贝尔奖，但她从来没有把这些荣誉看得比科学本身更重要。一天，一个朋友来居里夫人家做客，看见她的小女儿正拿着一枚金质奖章在地上玩耍，那是英国皇家学会刚刚颁发给居里夫人的奖品。朋友大吃一惊，忙问："居里夫人，能够得到英国皇家学会的奖章，这是极高的荣耀，你怎么能把这样珍贵的奖章给孩子玩呢？"

居里夫人笑了笑，说："我是想让孩子们从小就知道，荣誉就像玩具，它不能真正给世界带来什么，如果将它们看得太重，因名所累，最终可能一事无成。"

"妈妈，我将来可以继承你的公司吗？"

"不能，孩子。你可以继承我的勤奋、诚实和慷慨，这些东西比我的公司还值钱。"

如果你总是站在门里，你会觉得这个房子就是你的世界；如果你站到门外，你会突然发现，原来，房子也不过是世界的一个小小部分。

怀天下者，才能忘自己；忘小利者，才能成大业。

一个懂得舍弃的人，才真正懂得生活，尽管舍弃有时比获得要艰难很多。

圣诞夜的休战

这是第二次世界大战中的一个小小插曲，它发生在1944年的圣诞之夜。

靠近比利时边境的德国亚尔丁森林区有间小木屋，住着母子两人，他们是为了逃避盟军的轰炸才躲到这里来的。

正当他们在圣诞烛光下祷告时，突然响起了敲门声。母亲慌忙吹熄蜡烛，然后打开了房门。门外站着两个头戴钢盔的士兵，身后还有一个人躺在地上，鲜血染红了雪地。其中一人操着听不懂的语言和她说话，母亲马上知道他们是美国兵——德国的敌人。

美国兵不懂德语，母子俩又不懂英语，幸好双方都能讲几句法语。母亲瞧着那个伤得很重的美国兵，终于动了恻隐之心。

3个美国兵一个叫杰姆，另一个叫洛宾，伤员叫哈瑞。他们与部队失散了，在森林中走了3天，饥寒交迫，走投无路。

母亲吩咐儿子："去把赫尔曼捉来，还要6个马铃薯。"赫尔曼是那只唯一留着的公鸡，本来打算等被征去当民防员的丈夫回家时一同享用的。

正在她布置餐桌时，又有人敲门。这次，门外站着4个德国兵。

儿子吓得几乎浑身不能动弹，因为窝藏敌军是要作为叛国罪论处的。母亲虽然也很害怕，但还是镇静地迎上去，说："圣诞快乐！"

“我们找不到部队了。能在这里休息一下吗?”带队的下士问道。

“当然。”母亲微笑着说，“还可以吃一顿热饭。不过，我这里还有三位客人，你们也许不会把他们当朋友。但这是圣诞夜，我不希望你们在这里开枪。”

“是美国兵吗?”下士紧张地问。

“听着，”母亲严肃地说，“你们，还有里面的几个，都可以做我的儿子。今夜，让我们忘掉战争这回事吧!”

4个德国兵一时呆住了。母亲拍了几下手说：“话已经说够了，请进，把枪支放在屋角的柴堆上，该吃晚餐了!”

德国兵听话地放下了全部武器，美国兵也照样做了。

德国兵和美国兵紧张地挤在小屋里，表情十分尴尬。母亲神态自若地对儿子说：“这下赫尔曼可能不够分配了，快去再拿些马铃薯和燕麦来，孩子们都饿坏了。”她说这话时，像母亲那样对大家温柔一笑。

当儿子从储藏室回到屋里时，发现一个德国兵正在检查哈瑞的伤口，不共戴天的仇敌仿佛成了一家人，这种奇特的休战一直持续到第二天早上。母子俩用两根木棒和仅有的一张台布制成一副担架，让哈瑞躺上去，随后把客人们送出门外。德国下士指着地图告诉美国兵怎样走回自己的防线，然后他们互相握手道别。母亲激动地说：“孩子们，但愿有一天你们都能平安回到自己的家，上帝保佑你们!”

德国兵和美国兵朝着相反的方向走去，很快消失在白茫茫的森林里。

1944年的圣诞之夜，在战火硝烟里，我们看见了一个母亲大地一样宽广的胸怀。

在她温暖的怀抱中，不共戴天的敌人开始抚摸对方的伤口，兵戎相见的异族人开始彼此友好地问候。仇恨的脸上绽开了微笑，沾满鲜血的手握到了一起。

这个夜晚告诉我们：战争不是注定的，仇恨不是注定的。爱和理智可以将它们一齐融化。

将军和女奴

将军爱上了一个女奴，他不惜一切代价，想要解除她的奴隶身份。于是将军计划举办一场热闹的婚礼，让她成为世界上最幸运的女人——自己终生疼爱的妻子。

就在婚礼的前几天，这个女孩突然生起重病，而且一天比一天严重。将军找过最高明的医生，不管用何种方法治疗，服用任何奇特的药物，她的病情还是一点都没有好转。

于是，将军颁发手谕：不管是谁，只要可以治好女孩的疾病，即可得到丰厚的赏赐，甚至可以满足他的一切要求。

有一位医生与女孩谈了半小时，然后去见将军：“将军，我知道她得了什么病，我知道有什么药可以治好她，只是……”将军紧张地问：“只是什么？还不快说！”

医生说：“只是这帖药非常苦，不只是她会受苦，就连将军您也连带着一起痛苦。”

“不管要我承受多少痛苦，只要能治好她的病，我都愿意。”将军非常干脆。

医生有些犹豫，但他还是道出了实情：“因为她爱上了您的一位仆人，她得的是世间无药可医的相思病。”

将军非常震惊，他感到左右为难：因为爱她，他不忍心让她嫁给别人；因为爱她，他更不愿意看着她死去。

将军终于让这个女奴嫁给了他的仆人，并且为他们举行了隆重的婚礼。

能征服一己之私的人，方能征服千军万马，这就是将军之所以能成为将军的原因。

舍弃所爱，成人之美，世间有多少人能够从容做到？

纳粹的孩子

这是德国“二战”以后的事情。一个纳粹战犯被绞死了，他的妻子因为无法忍受众人的羞辱，吊死在自家窗户外面。

第二天早晨，邻居们看到了这可怜的一幕。窗户开着，她两岁大的孩子正伸出手向悬挂在窗框上的母亲爬去。眼看另一场悲剧就要发生，人们屏住了呼吸。

这时，一个叫艾娜的女人不顾一切地向楼上冲去，把危在旦夕的孩子救了下来。她收养了这个孩子，而她的丈夫，就在年前因为帮助犹太人，被这个孩子的父亲当街处决。

邻居们没有人理解她，甚至有人不同意让这个孩子留在他们的街区，他们让她把孩子送到孤儿院，或者干脆扔掉。艾娜不肯，于是有人整日整夜地向她家的窗户扔秽物，辱骂她。她自己的孩子也不谅解她，他们动不动就离家出走，还同小伙伴一道向母亲扔石头。

可是，艾娜始终把那个孩子抱在怀里，温柔地对孩子说：“你是多么漂亮啊，你是个小天使。”

渐渐地，这个孩子长大了，邻居们的行为已经不再像当初偏激了，但是常有人叫他小“纳粹”。同龄的孩子都不跟他玩，他变得性格古怪，常常以恶作剧为乐。直到有一天，他打断了一个孩子的肋骨，邻居们终于瞒着艾娜，把他送到十几里外的教养院。

半个月后，几乎快要发疯的艾娜终于找回了孩子。当他们再一次出现在愤怒的邻居们面前时，艾娜紧紧护着孩子，嘴里喃喃自语道："孩子无罪，孩子无罪……"

这个孩子就在那时知道了自己的身世，他痛哭流涕、悔恨万分。艾娜告诉他，最好的补偿就是真心去帮助大家。

从此以后，他发愤图强，样样事都做得很好。最主要的是，他学会了关心他人，邻居们无论谁家有了难事，他都会主动去帮忙。在他中学毕业时，收到了这一生中最好的礼物：他的所有邻居每家都派了一个代表，去参加他的毕业典礼。

而这个时刻，感到最幸福的人就是艾娜。

把罪恶和孩子分开，把仇恨和自己分开，把误解和人群分开——一个柔弱的女人，她需要多大的力量和忍耐才能做到！在她的面前，世上该有多少人无地自容？

十大戒律

有很多事物，看似是“是”，其实却是“非”；也有很多事物，看似是“非”，其实却是“是”。美国社会学家肯特·M·基思博士写了《似非而是》一书，提出“似非而是十大戒律”。

戒律之一：人都是毫无逻辑、不讲道理、以自我为中心的，但你还是要宽容他们。

戒律之二：你如果行善事，人们会说你必定出于自私的动机，但你还是要多行善事。

戒律之三：你如果成功，得到的会是假朋友和真敌人，但你还是要成功。

戒律之四：你今天表达的爱心，明天就会被人忘记，但你还是要爱别人。

戒律之五：坦诚待人使你更容易受到伤害，但你还是要坦诚待人。

戒律之六：思想最博大的人，可能会被头脑狭隘的人击倒，但你还是要志存高远。

戒律之七：正直的人可能屡不得志，小人却青云直上，但你还是要正直。

戒律之八：你穷数年之功建设起来的东西，可能在一夜之间就被毁掉，但你还是要建设。

戒律之九：人们的确需要帮助，但当你真的帮助他们时，他们可能会怨恨你，但你还是要帮助他人。

戒律之十：当你把最宝贵的东西献给世界时，你会被反咬一口，但你还是要把最宝贵的东西献给世界。

也许，这“十大戒律”讲得未必全都准确，但在任何时候，“爱”没有错，“善”没有错，“奋斗”和“奉献”更没有错。而且“爱”也能“生爱”，“善”也能“引善”，难道不是吗？

也许这些话没有人相信，但我们还是要说出来。

生活是一本很厚的书，有的人读完它变成了天使，有的人读完它变成了魔鬼。

“看吧，我的左手提着善，右手提着恶，你们想要什么？”

虽然很多事情逼迫着我们人不像人地生存着，但我们还是要坚强地做一个人——这就是我们生活的全部目标。

在这“似非而是”的十大戒律中，我们可以为自己找到肯定而准确的理由。

请你先上

一位登山者和他的向导，历经千辛万苦终于登上了世界之巅的珠穆朗玛峰，在此之前，世界上还没有人到过这样的高度。

世界之巅与他们之间只有几米之遥了，他们俩任何一个人只要快速向前冲几步，就可以成为“世界第一”。

可是这位从新西兰来的登山者却对向导说：“这是在你的家乡，请你先上吧！”

这位老实的向导并不明白这一步的意义，他只是为了酬劳才来到这里。他没有听清楚氧气罩后面的话，只是从对方恭敬的表情和谦让的手势中明白了其中的意思。

于是向导先走了几步，登上了世界之巅，在那里留下了人类的第一个脚印。

这是人类有史以来，第一次登上珠穆朗玛峰。

登山者随后跟上，他们在世界之巅紧紧拥抱，高呼着：“我们成功了！”

登山者名叫希拉里，向导叫丹增，他们冲顶的时间是1953年5月29日。

这是人类历史中光彩夺目的一天。50年后，当我们为人类创造的奇迹而庆贺时，也为希拉里那句谦让的话而再次感动。

希拉里深深知道这几步对于自己的意义，他多年的理想就是能够第一个登上珠穆朗玛峰，但在接近巅峰前的几步，他战胜了自己的欲望，而把这个权利让给了身居此地的夏尔巴人。

人最难战胜的是自己的私欲，私欲的高度比珠峰更高。

战胜了私欲，还有什么不可战胜？

马蝇效应

1860年大选结束后，有位叫巴恩的大银行家看见参议员萨蒙·凯斯从林肯的办公室走出来，就进去对林肯说：“你不要将此人选入你的内阁。”

林肯问：“为什么？”

巴恩答道：“因为他总认为比你伟大。”

“哦，是这样，”林肯接着问他，“你知道还有谁认为自己比我伟大？”

“不知道了，”巴恩说，“不过，你为什么这样问？”

林肯回答说：“因为我要把他们全都收入我的内阁。”

后来的事实证明，这位银行家的话是有根据的。凯斯的确是个狂态十足的家伙，不过，他也的确是个人才。林肯十分器重他，任命他为财政部长，并尽力与他减少摩擦。凯斯狂热地追求最高领导权，而且嫉妒心极重。他本想入主白宫，却被林肯“挤”了，他不得已又想当国务卿，林肯却把这个位子给了西华德。于是他只好坐第三把交椅，对此他一直激愤不已。

一天，《纽约时报》的主编亨利·雷蒙特来拜见林肯。当他谈到凯斯正在准备角逐总统职位的时候，林肯给他讲了一个小故事。

林肯以他那特有的幽默神情说道：“雷蒙特，你不是在农村长大的吗？那么你一定知道什么是马蝇了。有一次我和我的兄弟在肯塔基老家的农场犁玉米地，我吆马，他扶犁。这匹马平时很懒，但那天它却在地里跑得飞快，连我这双长腿都差点跟不上。到了地头，我发现有一只很大的马蝇叮在它的身上，于是就把它打落了。我的兄弟问我为什么要打掉它，我回答说，我不忍心让这匹马被叮咬。我的兄弟说：你不知道吗？正是这家伙才使得马跑起来的呀！”

最后，林肯意味深长地说：“如果有一只叫‘总统欲’的马蝇正叮着凯斯先生，只要它能使凯斯不停地奔跑，这不是很好的事情吗？如果再多几只像凯斯那样的‘马蝇’也整天叮咬我，让我也飞快地奔跑，那不也同样是好事吗？我们干吗不感谢它们呢？”

他容忍了马蝇，容忍了凯斯，所以他成了林肯。

人的心胸有多大，他的志向就有多大，他的前程就有多大，他的天地就有多大。

忘记背后的枪声

一支部队在森林中与敌军相遇，混战过后，安德森和杰克被冲散了，正好，他们俩来自同一个小镇。他们在森林中艰难跋涉，十多天过去了，仍然没有找到部队。

一天，他们打死了一只麋鹿，依靠鹿肉，两人又度过了几天。安德森把仅剩下的一点鹿肉背在身上，不幸，他们又一次碰到敌军。经过迂回激战，他们巧妙地避开了敌人。

就在自以为已经安全时，安德森听见一声枪响，顿时中弹倒地。杰克惶恐地跑了过来，他害怕得语无伦次，紧抱着战友泪流不止，并把自己的衬衣撕破为安德森包好伤口。

晚上，杰克一直念叨着母亲的名字，两眼直勾勾地望着安德森。他们饥饿难耐，以为真熬不过这一关了，可他们谁也没动身边的鹿肉。

他们依然互相鼓励，互相安慰，终于等来了救援。

30年后，安德森说："我知道谁开的那一枪，是杰克。当他抱住我时，我碰到他发热的枪管。我知道他是为了鹿肉，他想为母亲而活下来。

"我一直假装根本不知此事，也从不提及。战争太残酷了，他的母亲还是没等到他归来。我和他一起祭奠老人家的那一天，他突然跪下来，请求我原谅他，但我没让他把话说完。"

于是，安德森和杰克又做了几十年的朋友。

在现实生活中，很少有人不被伤害。面对伤害，我们是以牙还牙，还是以德报怨？

人伤害了我们，如果我们谅解了他，世界上就没有了敌人；人伤害了我们，如果我们反戈一击，世界上就有了两个敌人。

如果说大度是一种境界的话，还不如说是一种智慧。

友情的玫瑰

20世纪初，一个日本家庭移居到旧金山，并在那里做起了种植玫瑰的产业。

他们的邻居是从苏格兰迁移来的，也种植并出售玫瑰。两个家庭都依靠勤劳和诚信获得了成功，他们的玫瑰在旧金山市场上很受欢迎。

毫无疑问，他们彼此在生意上一直是强烈的竞争对手。

1941年12月7日，日本人轰炸了夏威夷群岛，许多美国士兵在那里牺牲。其时，这个日本家庭中的其他成员都已经是美国人了，但是他们的父亲一直保留日本国籍，在当时混乱的情况下，他们一家因此被拘禁了。

临行的时候，日本家庭对苏格兰邻居说："您们愿意照顾我们的花圃吗？"邻居答应了，但日本人并不对未来抱任何希望，也不指望再看见自家的玫瑰。

他们被流放到科罗拉多州的格林那达，周围密布着铁丝网和全副武装的士兵。

整整一年过去了，事态没有任何改变。第二年、第三年、第四年，日本一家还在拘留地。终于有一天，战争结束了，这家日本人告别了拘禁岁月，坐上火车，回到了旧金山。

他们将看到什么情景呢？

这家日本人在火车站与他们的老邻居相遇了，邻居一家是专门来迎接他们的。当回到家里时，日本人惊呆了：他们的玫瑰苗圃整齐繁茂，在太阳下熠熠生辉，房间也收拾打扫得跟苗圃一样干净整齐，仿佛他们从来没有离开过。

在会客厅的桌子上，有一张银行存折，上面记载着几年来每一笔玫瑰买卖的收入。桌上还有一枝鲜红的玫瑰蓓蕾正含苞待放——那是邻居一家送给他们的见面礼物。

“孩子，你知道上帝给我们的最好礼物是什么吗？”

“是糖果，还有布娃娃。”

“不是，是无私的爱。”

把荆棘给别人，自己的手也会流血；把玫瑰给别人，自己的手会留下余香。心中有一枝玫瑰的人，他的人生就是一片花的海洋。

一包巧克力饼干

一个星期五，波顿去伦敦买东西。他是去买圣诞节礼物的，也想为大学的专业课找几本书。那天他是乘早班车去的伦敦，中午刚过不久，要买的东西都买好了。波顿不怎么喜欢待在伦敦，太嘈杂，交通也太挤，此外，晚上他还有一个约会，于是便搭乘出租汽车去火车站。他本来舍不得坐出租车，只是那天想赶 3：30 的火车。不巧碰上交通堵塞，等他到火车站时，那趟列车已经开走了。

波顿只好待一个小时等下趟车。他买了一份《旗帜晚报》，漫步走进车站的候车室。候车室里几乎空无一人，波顿到小卖部要了一杯咖啡和一包饼干——巧克力饼干，他很喜欢这种饼干。

波顿找了一个靠窗的位置安然坐下，坐下来就开始做报上登载的纵横填字游戏，他觉得做这种游戏很有趣。

过了几分钟，一个人走过来坐到波顿的旁边，这个人除了个子很高之外，没有什么特别的地方。他穿一身暗色衣服，带一个公文包。

波顿没说话，继续边喝咖啡边做填字游戏。忽然，波顿发现刚进来的那个人把手伸过来，打开他那包饼干，拿了一块在咖啡里蘸一下就送进嘴里。波顿简直难以相信自己的眼睛，他吃惊得说不出话来。

不过波顿不想大惊小怪，于是决定不予理会，不就是几块饼干吗？让他吃吧，波顿总是避免惹麻烦，自己也开始吃起饼干，吃一块，喝一口咖啡，然后继续做填字游戏。

这个人再去拿饼干时，波顿既不抬头也没吱声，他假装对填字游戏特别感兴趣。过了几分钟波顿不在意地伸出手，拿起最后一块饼干，忍不住瞥了这人一眼。没想到，那个人也正奇怪地看着波顿。

波顿有点紧张地把饼干放进嘴里，决定离开。正当他准备站起身走开的时候，那个人突然把椅子往后一推，站起来匆匆走了。波顿感到如释重负，准备坐几分钟再走。他从容地喝完咖啡，然后折好报纸站起身。这时，波顿突然发现，就在桌上原来放报纸的地方，原封不动地摆着他自己的那包饼干。

原来波顿吃的是那个人的饼干！刚才喝的咖啡马上变成淋漓大汗从他后背流了出来。

斤斤计较，我们会处处烦恼；宽大为怀，才能得到快乐。

别看生活总是默默无闻，其实它时时刻刻都在考验我们。

曾经有这样一些人

亚历山大·汉密尔顿在决斗中故意把枪口抬得高一些，他朝艾伦·伯尔头顶上方开枪，结果把死亡留给自己。

本杰明·古根海姆在“泰坦尼克号”就要沉没时，把自己的救生衣让给了一位女乘客，然后系上白色领结，绅士般地从容赴死。

在1912年的南极探险中，劳伦斯·奥茨船长被冻坏了双腿。为了不耽误同伴们从死亡极地快速离开，一天晚上，他走到帐篷口，留下一句话：“我出去一下，可能要一阵子。”随即在暴风雪中永远消失。

在一次正式的英国茶会上，作家劳伦斯·豪斯曼脱下了外套，他这样做，是免得让那位只穿了衬衫到场的男子感到难堪。

网球选手马茨·维兰德，在1982年法国网球公开赛半决赛时，对手的一个击球被误判出界，他走到裁判面前说：“我不能这样赢，那是个好球。”那个球只好重赛，维兰德还是赢了，但赢得堂堂正正。

1975年的一天，作曲家约翰尼·默瑟接到一封信，写信人叫萨迪·维姆丝蒂，是俄亥俄州一位卖化妆品的孀居老奶奶。她建议默瑟写一首歌，歌名叫《当你心碎时，我愿在你身边捡拾那些碎片》。五年后，由萨迪·维姆丝蒂创意、约翰尼·默瑟作词作曲的歌碟《我愿在你身旁》出品发行。在唱片的标签上，词曲的创作者署名是约翰尼·默瑟、萨迪·维姆丝蒂。唱片的版税五五分成，维姆丝蒂和她的继承人因此获得了巨额稿酬。

因为有这样一些人存在，这个充满压榨的世界，突然显得宽松，这个冷漠的世界突然有了温暖，这个危机四伏的世界，突然显得安全。

幽默大师的谅解

“我从未遇见一个我不喜欢的人。”威尔·罗吉士经常这样说。这位幽默大师之所以能说出这么一句话，是因为从来没有人不喜欢他。

1898冬天，罗吉士继承了一个牧场。有一天，他养的一头牛冲破附近农家的篱笆去啃食玉米，被农夫牵回去杀死了。按照当地人的规矩，农夫应该通知罗吉士，先说明原因，然后再作处理，但农夫没有这样做。罗吉士知道后，非常生气，便叫了一名雇工陪他骑马去和农夫理论。

他们半路上遇到寒流，人和马身上都挂满冰霜，俩人差点冻僵了。抵达农夫木屋的时候，他本人恰好不在家。农夫的妻子热情地邀请两位客人进去烤火，等她丈夫回来。罗吉士烤火时，看见那女人面容憔悴，五个躲在桌椅后面对他窥视的孩子，都瘦得像小猴儿一样。

农夫回来了，妻子告诉他，罗吉士是冒着狂风严寒过来的。罗吉士刚要开口跟农夫申明来意，农夫却伸出手和他握手，并热情地留他们吃晚饭。“二位只好吃这些豆子了，”他抱歉地说，“因为刚刚在宰牛，忽然起了风，没能宰好。”

盛情难却，俩人便留下来。

在吃饭的时候，雇工一直等待罗吉士开口讲杀牛的事，但是罗吉士只跟这家人说说笑笑。雇工准备自己提起这件事，却被罗吉士用眼神阻止了。其间，孩子们听父亲说，从明天起几个星期都有牛肉吃，个个都高兴得乱蹦乱跳。

饭后，寒风仍在怒号，主人夫妇一定要两个客人住下。俩人于是又在那里过夜。

第二天早晨，俩人喝了黑咖啡，吃了热豆子和面包，肚子饱饱地上路了。罗吉士对此行来意依然闭口不提。路上，雇工不解地说："我还以为你会为了那头牛兴师问罪呢!"

罗吉士半晌不做声，然后果断地说："从今以后，我们谁都不许再提这头牛。"

罗吉士还说了这样一段话："我本来是为这头牛来的，但是我盘算了一下，你知道吗？我实际上并未白白失掉一头牛，我换到了人情味儿，还换来了一个朋友。毕竟，他不是故意跟我过不去，也不知道那牛就是我的。况且，他们家是多么需要一头牛过冬啊!"

要原谅一个人，你必须先给自己找一个理由。从这个故事来看，最好的理由就是：一份善心和一份理解。

感 恩

珍惜万物的慧心

HARVARD FAMILY INSTRUCTION

一个搭顺风车的人

爱德华开着车，顶着风沙朝前走，看见远处有一个人。那人衣衫褴褛，身材瘦小，头上歪戴着旧布帽，背上用皮带挂着两个破背包。但他的脸上却不是爱德华想象中一副愁苦潦倒的样子，而是带着安详和平静。

爱德华情不自禁地把车开到他身边，问他是否想搭个便车。那人微微点头，然后上了车。

到了预定的汽车旅馆前面，爱德华让他下了车。“多谢你。”他说，然后朝大路走去。

稍后，爱德华出去用餐，看到那个人竟然又站在自己的车旁，好像在等什么人。

“你今天让我搭了趟顺风车，我应该报答你。”

“不必啦，只是一件小事。”爱德华说。

“不，那是一种善意。请！”他那暗淡的眼神使爱德华感到了一种完全陌生的规矩。

爱德华进了车厢，摇下车窗，望着他。他站在车外，把手慢慢伸进背包。爱德华不由得有点紧张，赶忙攥紧拳头，但那人从背包里拿出的是一支旧口琴，爱德华立刻宽了心。

曲声悠然而起，爱德华不禁心驰神往。

爱德华听不出口琴奏的是什么音乐，既非古典曲子，又非乡村音乐，也不是爵士乐，跟他所熟悉的音乐毫不相同。虽是即兴而奏，各个音符却彼此关联如一串珍珠，一颗比一颗响亮。

数到最大的一颗时，曲调突然下滑，一颗比一颗变小。奇妙优美的音乐，简直把爱德华听呆了。

一对年轻夫妇从汽车旅馆走出来，听到口琴声便驻足观望。爱德华突然觉得不好意思，于是想用什么话掩饰窘态。“不错，热门的摇滚乐。很好，可是我得走了。”爱德华说话时没有显出不客气，但却带着一些挖苦和不在乎。那对年轻夫妇听了哈哈大笑起来。

音乐由颤抖而逐渐停止，那人放下口琴，双眼还在注视爱德华。他嚅动嘴唇，微微苦笑了一下，然后转过身，往肩上拉了拉背包，走向大路，渐渐远去。

爱德华忽然想追上那个在公路上逐渐缩小的人，但马上又改变了主意。他看看头顶上的太阳，用手摸了一下脸上的阳光，然后又茫然地从车上走下来。

将自己仅有的和最好的东西送给要感激的人，这是一种最为纯粹的报答。

感激的人可能是卑微的，但感激的心却永远高贵。

迷路的小女孩

一大早，交警洛克刚值完晚班，正准备开车回家睡觉，忽然，从垃圾箱后面跑出一个小女孩，她说："我迷路了，您能帮我找到家吗？"

洛克让女孩上了车，然后一边慢慢开车，一边询问女孩家的电话及父母的姓名。

"我们昨天才搬家，还没安电话。我爸爸叫凯特，妈妈叫吉蒂，他们都很爱我。"女孩边摆弄着手里的布娃娃边说。

洛克只好带着她在街上转悠。突然，女孩问道："您爱您的爸爸妈妈吗？"听了孩子的话，洛克脸上有些不自在，因为他父亲是个吝啬鬼，母亲整天都不想回那个家。

女孩似乎看出了洛克的不快，她眨着无邪的眼睛说："您不喜欢您的爸爸妈妈吗？我永远不会离开我爸爸妈妈，他们会爱我一辈子的。"

洛克开车在街上转好几圈了，可女孩还是没有认出自己的家。停下车，洛克买了两份早餐，边吃边跟女孩讲自己的童年趣事。吃完以后，洛克重新发动了汽车："孩子，跟你聊天我非常开心，可现在我不得不带你去警察局。"

当汽车拐过一个街角时，女孩子突然抬手一指："就是这里，这儿就是我的家！"

洛克抬眼望去，不由吃惊得张大了嘴——那里是一家孤儿院！女孩下了车，笑了笑说："您是送我回来的第10个警察，谢谢您啦！”

看到洛克有些不解，女孩说：“没什么，我只是想听听别人童年的故事，就这样。”说完，女孩跑向孤儿院的大门。进门的一刹那，她转过身子，举起手中的布娃娃，笑着说：“不过，我并没有说谎。瞧，这个是爸爸凯特，这个是妈妈吉蒂，他们永远都不会离开我。”

洛克想要说些什么，但话到嘴边又咽下了。良久，洛克拿出电话：“喂，是我，洛克……不不不，这次我不是向您借钱的。爸爸，我只是问候一下，您和妈妈最近还好吧……”

或许我们的父母不是我们最喜欢的人，但有一个事实却不能改变：是他们把生命的机会和权利给了我们。他们也许有很多无法容忍的缺点，但他们是我们独一无二的亲人，这个世界上没有谁可以取代他们。他们现在还爱不爱我们并不重要，但我们一定要爱他们——这是任何一个人都没有选择的义务。

一束鲜花改变人生

乔治是纽约一家保险公司的营销员，情人节为女友买花时认识了一家花店的老板本森，但也只是认识而已，因为他总共只在本森的店里买过两次花。

后来，乔治为客户理赔一笔保险费，被莫名其妙地控以诈骗罪投入监狱，刑期20年。闻此消息，女友离他而去。

面对从天而降的灾难，乔治悲愤不已，女友的离去更让他痛苦不堪。面对看不到一点儿光明的日子，他对未来完全失去了信心。只在狱中过了一个月，乔治便感到几乎要彻底崩溃了。

就在乔治愁闷得快发疯时，突然有人前来探望他。乔治在纽约没有一个亲人，因此实在想不出是谁会来看他。来到会见室，他不由得怔住了，原来是花店的老板本森！他给乔治带来了一大束鲜花。

虽然只是一束鲜花，乔治却从中感受到人世的温暖，希望之火开始在心头重新燃烧。从此他不再伤心绝望，每天都满怀激情地读书学习，等待着有一天刑满出狱。

6年后，乔治提前获释了。他先在一家电脑公司做雇员，不久自己开了一家软件公司，仅仅4年的工夫，他便拥有了千万身价。成了富豪的乔治特意去看望本森，却得知他两年前破了产，如今已举家迁到乡下。

乔治找到了本森，感激地对他说：“是你的一束鲜花，让我重新开始留恋人世的爱与温暖，是你给予我战胜厄运的勇气和信心，无论我做什么，都不能回报你当年对我的帮助，我想以你的名义，捐一笔钱给慈善机构，让天下所有不幸的人都感到你博大的爱心。”

不久，“华盛顿·本森爱心基金会”在纽约成立了，一间豪华的本森花店也重新开张了。

如果有人赠你一滴水，你应当回报以大海；如果别人给你一盏烛火，你就该回报满天阳光。就像乔治，他接受的是一束玫瑰，但他回报了满园春色——只因为那些无私的给予，都是在我们最为需要、最为艰难的时候。

塞特太太的烦恼

“塞特太太，实在抱歉，在没有核对您的社会保险号码前，我们无法给您发放新的驾照。”这是塞特太太第三次向他们耐心解释所得到的回答。

她的社会保险卡丢了，是在火车站被偷的，同时被偷走的还有她的驾照、钱夹、信用卡、金融卡和孩子的照片。

办事员却告诉塞特太太：“我们的电脑停机了，您可以到州办公处的另一个办公地点去取驾照。您只要往东开 16 公里，从 290 号公路下去就可以了。”这一切麻烦都不是塞特太太的过错，但她必须自己承担。

塞特太太穿过街上拥挤的车流来到另一个办公处，看到的是一条排着长队等候的人流。“那个陌生人竟敢趁着刚过完圣诞节车站人多，就将我皮包的拉链拉开，把我的皮夹偷走。这已经给我造成了很大的麻烦，想不到，他们还要让我东奔西跑……”简直是浪费时间！塞特太太抱怨着，同时拿了一张号码单去排队。

塞特太太不仅因为失窃而懊恼，也为这一天遇到的不顺而心烦。就在这时，有人叫了她的号码，她走到柜台前。这时，她感觉有个穿粉红色外套的女人跟在她身边，与她同时向前走。塞特太太知道现在轮不到那个女人，就在办事窗口前坐了下来。看她怎么办！塞特太太想。

“小姐，很抱歉，你必须先拿一个号码牌，等轮到你时再过来。”窗口里的职员有点恼火地对穿粉红色外套的女人说。“可是，我只是想……”有两个小孩正拉着她的衣服，她怀里的婴儿开始大哭，那位职员的态度越发生硬，怒气冲冲地重复着刚才的话。

“小姐，麻烦您一下，”这位年轻的母亲再次把头凑近窗口，而且几乎是哭着说话，“我只是想知道……我是不是可以在这里拿到我先生的死亡证明？”

那位职员和塞特太太一下子都愣住了，不知道应该说些什么。塞特太太甚至想将这位母亲拥入怀中，擦去她脸上的泪水，抱抱那个哭泣的婴儿，逗逗她刚学会走路的小孩。可一时又觉得做什么都不合适，于是塞特太太从柜台前的凳子上站起来，非常不好意思地对那个母亲说：“您先办吧。”

那位职员对这位悲伤的妇女已经改用尊敬的语气，同时也给了塞特太太一张表，让她回到坐位上去填写。可塞特太太一时不知道该做什么才好，她感到惭愧，自己失去的只是一个皮夹，而那个女人失去的却是丈夫。塞特太太一边填表，一边这么想着，觉得自己的损失已经变得微乎其微了。

塞特太太带着感恩的心情去办理接下来的事情，她的眼前不断浮现出那个穿着粉红色外套的女人，仿佛又听到了她怀里婴儿的哭声。开车的时候，塞特太太已经忘记了自己的烦恼，脑海里涌现的全都是令人愉快的事情。

因为我们丢失了一些东西，所以我们才明白自己还拥有很多。要感激这种“失去”，更要感激让我们“明白”的机遇。

小餐馆的奇遇

当20岁的开普勒梦想自己未来的时候，总是觉得前途一片灰暗。他的家庭并不富有，受的教育很有限，周围的人也都不重视他。

为了能够养活自己，开普勒找到了一份临时工作，当上了厨师。有一天已经很晚了，店里只剩下开普勒一个人。正准备打烊时，一个人走了进来。他问开普勒，能不能为一个可怜的澳大利亚游客准备一份晚餐，他迷了路，而且非常饿。开普勒想都没想，就答应了他的请求。

等开普勒从厨房里出来，发现除了那个澳大利亚游客之外，又来了一位不速之客，他坐在离澳大利亚人两张桌子远的地方。开普勒用英语同他打招呼，那个陌生客人耸了耸肩表示不懂。他用阿拉伯语解释说他不会讲英语，恰好开普勒在学校里学过一点阿拉伯语，于是知道了这位客人是从沙特来的，他也在市区迷了路，并且也很饿。

出于礼貌，吃饭的时候，开普勒一会儿跟澳大利亚人说说话，一会儿又同阿拉伯人聊几句。他终于获得了一个有趣的发现：这个阿拉伯人经营着一家进出口公司，这个澳大利亚人有一个很大的绵羊养殖场。

于是，开普勒问澳大利亚人，是不是有兴趣把他养的羊出口到阿拉伯去，澳大利亚人高兴得直点头。开普勒又转过身来问阿拉伯人，是不是愿意从澳大利亚进口新鲜、肥美的绵羊，阿拉伯人说，如果可以的话，这简直是他求之不得的事。

谈话由此变得越来越热烈，双方交换了联系方式和地址，协商了价格，还互相把对方的银行账号也记在了餐巾纸上。

在经过一个小时的翻译和谈判之后，两个客人互相握手表示庆贺，然后向开普勒道了再见。出门的时候，澳大利亚人又转回身问道："我怎么和你取得联系呢？能给我留个地址吗？"于是，最后一张餐巾纸也被写上了字，然后三个人分手了。

几个月后的一天，开普勒收到了一封信，是从澳大利亚寄来的。那个澳大利亚人在信中感谢开普勒所做的出色工作，同时感谢他敏锐的商业眼光。他告诉开普勒，已经有几千只羊在漂洋过海去沙特阿拉伯的路上了。在信封里，还附上了一张5000美元的支票，作为对开普勒的报答。

开普勒并没想到要什么回报，但这次机遇却成了他一生的转折。于是，他给澳大利亚人回了一封信，他说："其实我应该感谢你，是你让我明白了人生的价值所在，这是多少钱都买不来的东西。"在回信中，他又寄回了5000美元的支票。

不久，开普勒离开了这家餐厅，自己成立了一家对外贸易中介公司，很快就成了百万富翁。

在生活中，我们经常要充当两种角色——施恩者和受恩者。当我们受恩的时候，一定要知道感激，知道那是一份难得的恩遇；当我们是施恩者的时候，最好很快忘掉它，更不要期待回报。

忘记所受之恩，我们会被人不齿；忘记所施之恩，我们会得到意外的满足。

弗洛尔的施舍

很多年过去了，人们仍记得那个夏天。那真是一场灾难，严酷的炙热烤干了田地，除了农夫绝望的泪水，大地得不到任何滋润。那场大旱让许多村庄的村民在随之而来的冬天遭受了无尽的痛苦，很多人逃离居所，四处乞讨。夜晚，他们只能露宿野外，得不到任何能够为他们遮蔽寒风的庇护。

弗洛尔是一位勤奋老实的农夫，他的田地始终耕种得很好，加之他生活俭朴，平时总是节衣缩食，所以，即使在天灾降临的年份，他的谷仓仍然储满粮食。

夏日的干旱和冬天的饥饿，使粮食变得异常珍贵。对弗洛尔来说，这应该是一个发财的大好时机。但是，他没有那么做。“如果那样，上帝会惩罚我的!”

弗洛尔决定帮助那些挨饿的人们。“我的朋友们，我知道你们需要食物。上帝保佑，我还有很多粮食，你们需要多少，就拿多少去吧!”饥饿的人们知道了弗洛尔的善行，很快就来到他家。这位慷慨的农夫把自己储备的粮食全部贡献出来，解决了大家的燃眉之急。

弗洛尔的妻子提醒他：“难道你不需要为自己的家庭考虑吗？如果明年再遇到干旱，那该怎么办？”弗洛尔告诉妻子：“《圣经》上说，施予会得到回报，上帝不会抛弃我们的。”

第二年，上帝似乎听到了穷人的祷告，赐给了人们一个难得的大丰收。因得到弗洛尔的救助而免遭饥饿的人们，在收割完毕之后，都聚集到他的身边。“你看，”他们说，“你把粮食借给我们，救了我们的妻子和孩子。如果不是因为你，我们可能已经饿死了。现在我们所能做的，就是归还你的粮食，并对你表达我们的谢意。”

“朋友们，我现在不需要粮食，”弗洛尔说，“今年我也同样获得了大丰收，我的粮食已经足够多了。如果你们的粮食吃不完，就去帮助那些仍然处于饥饿中的人们吧，他们才是此刻需要粮食的人。如果你们这样做了，就是对我最大的感激。”

艾力克，我想用我的小车换你的城堡——你喜欢我的小汽车吗？

其实你不用拿小车交换，我的城堡也是你的城堡——我们可以一起玩呀！

一般的报答，只是对施恩者个人的报答；最好的报答，是对恩惠所包含的善意的报答。前者可以使我们成为一个有情的人，后者会使我们成为有义的人。

感激恩人，我们只是偿还；感激善意，我们才会奉献。

感恩节电话

旧金山的鲁本给在纽约工作的儿子戴维打电话。

“我也不想让你感到难受，但是我不得不告诉你这个坏消息——我和你母亲打算离婚，45年的煎熬我们都受够了。”鲁本的话音中有一些失落感。

“老天！你在说什么呀！爸爸！”戴维大吃一惊。

“这也是没有办法的事，现在我们甚至连互相看一眼都不愿意，”鲁本叹了口气，接着说，“我们彼此讨厌对方。其实我很不想提这件事，苏珊那边就由你告诉她吧！”说完，鲁本便挂断了电话。

戴维马上给芝加哥的妹妹打电话：“苏珊，你一定要冷静，听着，爸爸妈妈要离婚了，怎么办？”

“什么？上帝呀，我们得赶快回去阻止他们！”苏珊在电话那边尖叫道。

挂断哥哥的电话后，苏珊立刻拨通了家里的电话，是鲁本接的电话。

“你们不许离婚！不许乱来！一切都要等我和戴维回来再说。我们明天就到，到时再做打算，千万不要冲动！听见没有？”苏珊一口气嚷嚷完就挂了电话。

鲁本放下话筒，转身对妻子说：“好了，他们能回来过感恩节了。但圣诞节我们该怎么说呢？”

感恩节是为了让我们记得感恩，记得向我们爱的人和爱过我们的人传送问候，或者表达敬意。

但我们常常却将它当成了自己寻找快乐的日子，并因此忘掉我们要感激的人们。

其实，每天都要感恩，不仅是在感恩节。

红草莓

伯杰是一个懂事的孩子，每到周末，他都要去两公里以外的树林里捡柴。

那天是个好天气，伯杰一会儿就捡到了许多木柴。太阳升起来了，他感到口渴难耐。

于是伯杰走向小溪，想在那里找一个阴凉的地方休息一下，顺便吃些东西，因为他要到傍晚的时候才能回去。

小溪旁边有一棵大树，那可是个不错的地方。当到了那里的时候，伯杰发现树下长了一些熟透的野草莓。

“正愁着这些干巴巴的面包吃不下去呢！把草莓夹在面包里，味道一定好极了！”

伯杰把帽子放在草地上，然后小心翼翼地把红红的野草莓一个个放在里面。

“要是妈妈能和我一起分享这些美味该有多好呀！可是，她现在却在阴暗的屋子里承受疾病的折磨。”想到这些，伯杰把即将送入嘴里的草莓放了下来。

“还是给妈妈留着吧！她现在正病着呢，吃了这些草莓一定会好受一些。”伯杰想。

可是，那些草莓实在是太诱人了，伯杰心想：“我干活太累了，就吃一点点吧！”

于是伯杰把草莓分成两堆。但是，每一堆看起来都很小，他又将它们放到了一起。

“只尝一颗。”伯杰这样想。无意中，他把最好的一颗拿了起来。快要送到嘴边的时候，他发现了那是最大的一颗，于是又连忙把草莓放下。

“我要把最好的草莓留给妈妈。”犹豫了一会儿，伯杰作出了决定：把全部的草莓都留给妈妈。

最后，伯杰一颗草莓也没有吃，他又去捡柴了。

黄昏的时候伯杰回到家，当他放下木柴时，听到了妈妈的呼唤：“伯杰，你回来了吗？快进来让妈妈看看！”

伯杰高兴地来到妈妈的床前，把草莓送给妈妈。“您看，我给您带回了这么多草莓！这是我专门留给妈妈您的。”

妈妈眼中顿时充满了泪水，她用手抚摸着伯杰的头说：“妈妈因为有你这样的孩子而感到骄傲，上帝保佑你！”

看到妈妈那样高兴，伯杰也感到非常快乐，他想：“这比我自己吃了草莓还要幸福一万倍！”

好的品性可以给人力量和快乐，就如伯杰，他在孝敬母亲的时候，自己也感到了无比的幸福。

只有那些可以从美德中体会到乐趣的人，才会愿意展现和传递美德——事实上，这种领悟本身就是一种美德。

帕德鲁斯基和胡佛

很多年以前，两个贫穷的年轻人在斯坦福大学边上学边打工，生活和学习都很艰难。他们想和一位著名的钢琴家合作举办一场音乐会，赚一笔门票钱用以支付学费。

这位大钢琴家就是伊格纳西·帕德鲁斯基。他的经纪人和这两个小伙子谈判说，他们必须先筹足 2000 美元才行。这在当时不是个小数目，却是大钢琴家最低的出场价。

两个年轻人答应了。他们俩开始拼命工作，但最后，只凑够了 1600 美元。怀着忐忑不安的心情，两个人去找大钢琴家本人。他们把 1600 美元全都给了钢琴家，还附上一张 400 美元的欠条。他们对钢琴家许诺说，一定会把余下的 400 美元还清！

“不用了，孩子们，”帕德鲁斯基回答说，“不必这样，完全不必。”说完他把欠条撕成两半，并把 1600 美元送回他们手中。帕德鲁斯基说：“我愿意免费出场演奏，到时候，你们从门票中扣除你们的住宿费和学费，如果还有剩余就归我。”

许多年过去了。第一次世界大战结束后，帕德鲁斯基担任了波兰的国家总理，由于经济萧条，无数饥饿的人在向他呼救，身为总理他不得不四处奔波寻求帮助。而当时能帮助他的只有一个人，就是美国食品与救济署的署长赫伯特·胡佛。

胡佛得到了帕德鲁斯基求救的信息后立即答应了他的请求，不久，成千上万吨的食品运到了波兰，挽救了大量饥民的生命。

后来，帕德鲁斯基总理在法国巴黎见到了胡佛，当面向他表示感谢。胡佛回答说："不用谢，完全不用，帕德鲁斯基先生，有件事您可能忘了，早先有两个穷大学生很困难时，是您帮助了他们，其中一个，就是我。"

"儿子，你为什么要把你的玩具送给我？"
"因为我要报答你。"
"报答我什么呢？"
"今天你来学校看我表演，还在下面鼓了掌……就是为这个。"

上帝的手指不会把任何一份善意抹去。随着岁月的流逝，它不仅不会被忘却，而且会在时光中被放大并传播，一部分变成感激，一部分变成更大的善意。

优秀的杰克

索菲正在起居室里，突然响起了一阵急促的电话铃声。她连忙抓起电话……当他听完电话便惊呆了：她那 79 岁高龄的父亲因心脏病突发去世了。

“爸爸!”当她沉痛地将消息告诉家人的时候，她的儿子杰克顿时痛哭失声。在杰克 5 岁以前，外公曾经担当过“爸爸”的角色，所以，杰克经常这么称呼他。在那些日子里，索菲的丈夫经常夜里工作，白天睡觉，带杰克的任务就落在索菲父亲的肩上。他带杰克去理发，吃冰激凌，陪他打棒球。可以说，外公是杰克人生中的第一个好朋友。

杰克长大以后，索菲的父亲要回到生养他的故乡养老，分别的时候杰克伤心不已。但随着时间的推移，他逐渐懂得了外公对老朋友和故土的眷恋之情。从此以后，外公的每一个电话和每一次来访，都让杰克欣喜若狂：他的“爸爸”仍然没有忘记他!

当索菲和孩子们走进殡仪馆，走向他们的外公时，杰克紧紧地抓着妈妈的手。有数百位亲友络绎走进告别厅的时候，他们才依依不舍地离开老人的遗体，站在告别厅的一侧。

突然，索菲发现杰克不知什么时候竟然离开了她的身边。环顾四周，她看见儿子正站在入口处帮助那些老人们——有的坐着轮椅，有的拄着拐杖，还有很多人则要斜靠在杰克的肩膀上由他搀扶着，才能走到外公的遗体前。

那天晚上，当丧事承办人告诉索菲还需要一名护柩者的时候，杰克立刻问道："先生，我可以吗?"丧事承办人建议他最好和妹妹还有妈妈待在一起，可是，杰克却摇了摇头说："我小的时候，一直都是"爸爸"带我，现在该我照顾一下他了！"听到杰克的话，索菲顿时难过地哭了起来。

从那一刻起，索菲知道自己绝对不会再因为杰克考不到好成绩而严厉斥责他了，因为原来那个好孩子的形象，根本就无法与眼前的儿子相比，他的善良，他的感激之心，都是上帝赐给她的最好礼物。

知恩者知勇，知恩者知耻，知恩者知义。有感恩心的人更愿意承担责任，所以，知道感恩的孩子成长得更快。

麦克阿瑟的5支笔

1945年9月2日，日本向盟国投降的仪式在日本东京湾的美国海军战舰“密苏里”号上进行。

盟军的签字代表是赫赫有名的美国五星上将、盟军最高统帅道格拉斯·麦克阿瑟。上午9时，签字仪式开始，麦克阿瑟从舱内走出来，神情严肃地走到扩音器前发表了简短的演说。

接着，他命令日本方面的代表重光葵、梅津美治郎在投降书上签字。这两个曾经不可一世的法西斯分子，这一天却神情沮丧，狼狈不堪。

随后，麦克阿瑟迈着矫健的步子，走到签字桌边代表盟军签字。那一天，他准备了5支派克金笔。他用第一支笔签了“道格”两字，然后将金笔送给站在身后的美军中将温赖特，他用第二支笔接着写了“拉斯”，然后把笔送给英军司令珀西瓦尔；第三支笔写完“麦克阿瑟”之后就收了起来，送给美国政府档案馆；第四支笔签完职务“盟军最高统帅”后，送给美国西点军校；第五支笔签了年月日后，送给自己的爱妻琼妮。

麦克阿瑟之所以要将头两支笔送给温赖特和珀西瓦尔，其中包含着深刻的寓意。1942年3月，日军集中兵力大举进攻菲律宾巴丹半岛的美、菲军队，美国政府担心麦克阿瑟上将被日军俘虏，于是命令他立即将指挥权交给刚接任驻菲美军司令官温赖特，然后派专机将麦克阿瑟接走。

不久，巴丹半岛沦陷，温赖特和原英军驻新加坡司令珀西瓦尔以及美、菲约5万名官兵全部被俘。温赖特和珀西瓦尔被日军关押在战俘集中营，3年的牢狱生活，他们吃尽了苦头，而且险些被折磨而死。

麦克阿瑟一直为此事觉得对不起温赖特和珀西瓦尔，在这次隆重的受降仪式上，麦克阿瑟特地邀请他们一同参加，想让这两位死里逃生的战友和自己一起享受胜利的喜悦，也让他们在全世界人民面前昂起头，从而洗清战争给他们留下的屈辱。

麦克阿瑟将签字笔送给西点军校，因为它是美国的著名军校，而且也是自己的母校。麦克阿瑟当年以优异的成绩从该校毕业，然后由少尉一路晋升到五星上将，并成为“二战”中的盟军统帅。

麦克阿瑟送一支签字笔给太太琼妮·费尔克洛思，是感谢她这么多年来的辛劳以及对他的真挚爱意。自他从军以来，东奔西走南征北战，在炮火纷飞的战场出生入死，费尔克洛思除了承担所有的家务外，还为他的安全担惊受怕。因为有她的支持和关爱，他的事业才能够取得顺利的成功。

麦克阿瑟用5支笔与战败国日本签署投降书的佳话，至今仍在全世界广为流传。

当我们取得成功的时候，每个人都应该至少准备5支笔，因为在那个时候，我们不仅要让别人分享我们的快乐，更要让一些曾经帮助过我们的人，一起分享我们的荣誉和奖赏。

每天都是恩赐

曾经有一个女孩子跟别人说，妈妈去世后，她才知道做家务是多么辛苦，才知道，母爱原是多么温馨。

当你发现人生无常的时候，你是否为自己拥有的一切而感谢上苍？

我们有所爱的人，有爱我们的人，父母之爱，兄弟姐妹之爱，朋友之爱……这是多么难能可贵。

我们有健康的身体，可以做自己喜欢做的事，吃自己喜欢吃的东西，这是多么幸福！

我们有睡觉的地方，有一个可以歇息的怀抱。

每天早晨醒来，我们可以呼吸新鲜的空气，可以看到蔚蓝的天空，可以看见朝露和霞光，这一切，原来不是理所应得的，那是造物给我们的赐赏。

我们有一颗乐观的心灵，有自己喜欢的性格和外表，有自己的梦想，可以听自己喜欢的歌。这一切，都是命运的恩惠。

当我们拥有时，我们总是埋怨自己什么都没有；当我们失去时，我们却忘记自己曾经拥有过什么。

我们害怕岁月，却不知道活着多么可喜；我们认为生存是多么乏味，许多人却在生死之间挣扎。

什么时候，我们才会为自己拥有的一切满怀感激？

一个小女孩得了一种病：失去了痛觉。她的父母为她四处求医，为她日夜祷告。终于有一天，她知道了疼痛。她痛得是那样厉害，以至于牙齿都快咬碎了，但她仍露出了笑脸。她说：“妈妈，感谢上帝，感谢你，我痛啦！”

即使一个苦难深重的人，也有值得感激的东西；即使疼痛，它也是上帝的馈赠，也需要我们深深感激。